Giuseppe Gorani

Lettere ai sovrani sulla Rivoluzione Francese

a cura di Serafino Balduzzi

Titolo originale: Lettres aux souverains sur la Révolution française

Stampa e distribuisce questo libro
Lulu (Raleigh, North Carolina),
cui il testo digitale è stato consegnato nel marzo 2011.
Luogo e data di stampa possono variare per ogni copia,
secondo luogo e data di acquisto
presso www.Lulu.com o altra libreria in rete.

ISBN 978-1-4475-1763-4

serafino.balduzzi@gmail.com

IL MENEGHINO
CHE TEMPRAVA LO SCETTRO A' REGNATORI

Nell'estate 1792 la Francia rivoluzionaria combatte le armate austriache e prussiane che penetrano nel suo territorio, ed è altrettanto impegnata a difendersi sul fronte dell'opinione pubblica europea. Il 26 agosto, mentre capitolano Longwy e Verdun, l'Assemblea legislativa decreta di conferire la cittadinanza onoraria francese a diciassette stranieri. Si vuol mostrare che, in giro per il mondo, se re e ministri ('i despoti') sono ostili alla rivoluzione, invece gli uomini illuminati le sono amici. Nel dibattito preliminare, l'Assemblea ha stabilito che il titolo di cittadino francese sia concesso, come un premio o un cavalierato, «a tutti i filosofi che hanno avuto il coraggio di difendere la libertà e l'eguaglianza nei paesi stranieri».

Per incominciare se ne sceglie un piccolo campionario eterogeneo, equamente suddiviso fra uomini di penna e d'azione. Ci sono i filosofi Priestley e Bentham, i pedagogisti Pestalozzi e Campe, il poeta Klopstock, lo storico Mackintosh, autore di apprezzatissime *Vindiciae Gallicae, or Defence of French Revolution*. Ci sono un piccolo stato maggiore della rivoluzione americana (Washington, Hamilton, Madison, Paine) e alcuni antischiavisti inglesi. Fanno la parte del leone i simpatizzanti di lingua inglese (dieci, compresi gli americani). Ci sono tre tedeschi (fra loro il barone Clootz, originario di Treviri ma francesizzato, enciclopedista e deputato alla Convenzione), un olandese, uno svizzero e un polacco (Tadeusz Kosciuszko). C'è anche un milanese: Giuseppe Gorani. Chi era costui?

Vicende di Gorani

Giuseppe Gorani fu, in momenti diversi della sua vita, diplomatico avventizio, saggista politico d'ispirazione fisiocratica, e memorialista. Come diplomatico, svolse missioni per vari committenti, senza legarsi né a una tradizione familiare né a un sovrano, e talvolta mescolandovi fatti e interessi propri. Se ebbe vena d'avventuriero, come Casanova, preferì tuttavia la politica alle donne.

Era nato a Milano il 15 febbraio 1740, ennesimo figlio del conte Ferdinando Gorani e di Marianna Belcredi. Aveva studiato dai barnabiti e aveva lasciato la famiglia a 17 anni, per arruolarsi nell'esercito imperiale.

Aveva combattuto sui campi della guerra dei sette anni, e nel 1760 era caduto prigioniero dei prussiani. La sua condizione lo vincolava a risiedere a Berlino, ma non gl'impediva di visitare altre città del regno, andare in società, aderire alla massoneria e studiare. Probabilmente vi apprese più che dai barnabiti. Una volta rilasciato, visitò Pietroburgo, Stoccolma e Copenhagen. La sua vocazione di giramondo era stabilita.

Nell'agosto 1763 rientrò a Milano, ma non si trovò a suo agio in famiglia. In dicembre era a Torino, scansò una sistemazione matrimoniale, e l'anno successivo s'imbarcò a Genova per la Corsica. L'isola era in subbuglio da 35 anni contro il decrepito dominio genovese. I francesi e i Savoia (questi con appoggio inglese o, a intermittenza, imperiale) erano in lizza per raccoglierne le spoglie. Nel giro di altri cinque anni la competizione si sarebbe conclusa a favore della Francia, ma per il momento era ancora aperta.

Gorani fantasticava. Circa trent'anni prima un tal Neuhof, avventuriero lorenese, era sbarcato nell'isola con l'appoggio di amici còrsi, ed era riuscito - nientemeno - a farsene incoronare re: Teodoro I re di Corsica. Certo, in breve aveva dovuto dileguarsi; ma era chiaro che aveva sbagliato nel valutare le forze in gioco e le dimensioni critiche da raggiungere perché l'impresa potesse riuscire. Bisognava tirare in ballo forze nuove, rispetto ai soliti francesi che addentavano l'osso, o agl'inglesi che avevano già il loro campione. Se un regno di Corsica non poteva reggersi per insufficienza di risorse, bastava aggiungervi qualcos'altro (la Sardegna, l'Elba, magari la stessa Genova): si poteva metter su un inedito regno mediterraneo. L'avventuroso Gorani ne ricavò un'occasione di viaggio a Costantinopoli, alla chimerica ricerca di appoggi per il suo progetto. Non concluse nulla, ma approfittò di trovarsi in quei paraggi per visitare Tracia e Bulgaria. Per un altro anno vagò nella Spagna e sulle coste barbaresche.

Sul finire del 1765 capitò in Portogallo e trovò una sistemazione come aiutante di un grand'uomo: il potentissimo ministro Pombal, ricostruttore di Lisbona dopo il terremoto di dieci anni prima, nonché organizzatore e gestore dell'assolutismo regio, che gesuiti e nobili pagarono con lacrime e sangue. Ma nella primavera 1767 Gorani era di nuovo in movimento, e si recava a Vienna. Il principe Liechtenstein, generale e diplomatico di Maria Teresa, gli affidò una missione in Inghilterra e in Olanda. Sulla via del ritorno, si fermò a Parigi e conobbe l'ambiente degli enciclopedisti. Alla fine dell'anno dovette abbandonare anche Vienna (vittima di calunnie, dice lui). Decise di darsi alle lettere.

La decisione si concretò negli anni seguenti in una serie di saggi: *Il vero dispotismo* (1769), *Imposte secondo l'ordine della natura* (1771), *Saggio sulla pubblica educazione* (1773), *Diritti per redimere le regalie* (1776), *Elogi di due illustri scopritori italiani,* Redi e Bandini (1784), *Ricerche sulla scienza dei governi* (1790).

Continuavano i viaggi, in Svizzera, in Francia e in Italia. I luoghi di residenza furono Nyon (cantone di Vaud) e Milano, dove Gorani fu a lungo in lite col fratello maggiore sull'eredità paterna. Frequentò, nella casa di Giovanni Verri, l'allegra brigata cui partecipava Giulia Beccaria. Di lui Pietro Verri scrisse: «A me però è sempre sembrato uomo che non approfondisce gli oggetti».

Nell'agosto 1790 Gorani andò a Parigi, s'iscrisse al club dei giacobini e si legò a Mirabeau. Quando questi morì, l'anno successivo, si legò a Brissot e ai girondini. Venne addetto alla pubblicità rivoluzionaria. Girava nei dipartimenti («Non c'è e non c'è mai stata una nazione così facile da ingannare come quella francese... Facevo promesse in buona fede, perché a quel tempo ci credevo anch'io»). Pubblicava sui giornali parigini articoli come le presenti *Lettere ai sovrani*.

I suoi titoli a quella specie di onorificenza, ch'era il conferimento della cittadinanza francese in forma solenne e in eletta compagnia, furono i servizi resi e le *Ricerche sulla scienza dei governi*, pubblicate a Losanna e poi a Parigi. Venne messa a frutto anche la circostanza che un decreto imperiale, alla fine del 1791, aveva espulso il rivoluzionario Gorani dagli stati asburgici e aveva sequestrato i suoi beni. Infatti il proponente Marie-Joseph Chénier lo diceva «onorato per l'odio mostrato dalla persecuzione della casa d'Austria, questo grande nemico della felicità degli uomini».

Le *Lettere ai sovrani* gli diedero slancio per l'attività diplomatica, con missioni in Inghilterra, Olanda e Germania. Ma nel 1793, di ritorno a Parigi, l'impressione del processo e dell'esecuzione del re (dice lui) mutò il suo atteggiamento verso la rivoluzione. È vero che, per qualche tempo, aveva ingoiato discreti rospi rivoluzionari, ingegnandosi serenamente di far buon viso e di giustificarli al pubblico. Ma in vita sua non gli era mai accaduto, per un motivo o per l'altro, di assumere impegni che durassero troppi anni di seguito. Forse il segreto è elementare: anche quella volta sarà scaduto il termine della sua perseveranza, decretato dal destino. D'altronde, il suo istinto di sopravvivenza lo consigliò bene.

Alla fine d'aprile ottenne un incarico diplomatico a Ginevra, ma vi si adoperò per evitare l'annessione alla Francia, destando le ire dell'agente robespierrista Soulavie. Il governo francese cercò invano di arrestarlo e lo classificò come fuggiasco emigrato. Lui restò a vagabondare fra le montagne svizzere, con l'impellente problema di sottrarsi ai sicari di Maria Carolina, regina di Napoli, che lo voleva morto. Leggete in questo libro la sua lettera al re di Napoli, e vedrete perché. Aggiungete la farina dello stesso sacco contenuta in un'opera in tre volumi che Gorani aveva pubblicato a Parigi poco prima di partire. Essa conteneva una parte del voluminoso archivio di pettegolezzi, messo insieme nel corso degli anni durante i suoi viaggi. L'opera avrebbe dovuto apparire anonima, col titolo *Tableaux des moeurs et des gouvernements des principaux états d'Italie.* Ma l'editore non rispettò i patti: stampò il nome dell'autore e mutò il titolo in *Mémoires secrets et critiques des cours, des gouvernements et des moeurs des principaux états d'Italie.*

Durante il volontario esilio Gorani scrisse *Lettres aux Français*, che mettevano la rivoluzione sotto accusa.

Una puntata a Parigi, alla metà del 1795, gli ottenne la cancellazione dalle liste degli emigrati. Ma si trovò in imbarazzo con i vecchi amici sopravvissuti al Terrore, pochi e trasformati in agnelli, che lo guardavano come un ex lupo. Così si ritirò tristemente a Ginevra a scrivere opere voluminose (*Mémoires pour servir à l'histoire de ma vie, Histoire de Milan* e altro). Durante la vecchiaia, nel 1810, fece un tentativo di ristabilirsi a Milano, «città molto allegra... di gran lunga preferibile alla tristissima Ginevra»; ma s'imbatté in un ostacolo. Da gran tempo diceva di aderire alla religione riformata, «pur senza condividere esattamente le dottrine dei riformatori... il mio cristianesimo è quello che veniva praticato durante i primi trent'anni dopo la morte di Cristo». Giunto a Milano, «mi accorsi che la gioia manifestata dai miei parenti... era dovuta al progetto della mia conversione». Si trovò dunque assediato da preti e vecchiette, e costretto a ripiegare a precipizio sulla tristissima Ginevra; dove morì solo e dimenticato il 13 dicembre 1819.

Le Lettere ai sovrani

Il volumetto si presenta come una collezione di articoli di giornale, in forma di lettere aperte (ma effettivamente inviate) a sovrani europei e al duca di Brunswick, che comandava l'armata prussiana. L'autore conversa vivacemente con i suoi interlocutori, analizzando i pericoli che la situazione presenta e indicando i rimedi, come se lo avessero chiamato a consulto. Ma è lampante che i veri destinatari non sono loro. Prima di tutto egli vuol rincuorare il pubblico francese, mostrando come quei personaggi abbiano molto da perdere a resistere alla Francia rivoluzionaria, e potrebbero ripensarci, o uscirne battuti; e in ogni caso, come essi si trovino a un livello morale, militare e propagandistico nettamente inferiore. In secondo luogo, si rivolge al pubblico dei simpatizzanti nei vari paesi d'Europa, per armarlo di spunti e obiettivi di lotta rivoluzionaria.

Le prime sei lettere (ai re di Prussia, Sardegna e Napoli; al papa Pio VI; due al duca di Brunswick) furono scritte fra giugno e agosto 1792, e spedite ai destinatari entro novembre. Furono via via pubblicate nel *Moniteur universel* di Parigi, e tradotte in inglese, olandese, svedese, tedesco e italiano. Tuttavia restò esclusa quella al re di Napoli, che il giornale si accontentò di reclamizzare quando fu inclusa nella raccolta in volume, pubblicata l'anno seguente (*Lettres sur la Révolution française par J. Gorani, citoyen français, a son ami Charles Pougens*).

Gorani dice di aver preparato anche altre lettere (destinatari: il re di Spagna, la regina del Portogallo, i Cantoni elvetici e la Dieta imperiale), e d'averle consegnate al ministro degli affari esteri Lebrun in agosto, al momento di partire per una missione a Londra. Ma esse non furono utilizzate e vennero distrutte, salvo qualche copia clandestina.

Le lettere al re d'Inghilterra e allo statolder d'Olanda furono scritte all'inizio del 1793, prima che Gorani tagliasse la corda (come avvenne a fine aprile). La prima fu pubblicata dal *Moniteur universel,* e poi ripubblicata in un opuscolo insieme alla seconda.

Tutte le lettere pubblicate riapparvero nel 1795 *(Lettres aux souverains sur la Révolution française),* nell'edizione parigina che è stata utilizzata per la presente traduzione.

In edizioni successive le lettere furono qualificate come predizioni oracolari: *Les prédictions de Jean Gorani sur la Révolution française,* Londra 1797; *Le predizioni di Giovanni Gorani, cittadino francese, sulla Rivoluzione di Francia,* tradotte in italiano, Yverdun 1798 (ma Gorani si chiamava Giuseppe e non Giovanni). Là fu inserita anche l'inedita lettera al re di Spagna.

La collezione non è omogenea, per quanto ripeta costantemente molti stereotipi. Per caratterizzare in breve le lettere, converrà suddividerle.

1. Lettera al re di Prussia e prima lettera al duca di Brunswick.

Sono le sole a recar tracce di diplomazia. Prendono in considerazione - per quanto riesce all'autore - i punti di vista degl'illustri destinatari, e mostrano qualche attitudine a instillar dubbi nella loro mente. Per quanto sia poco probabile che la prima producesse «un grandissimo effetto, giacché preparò il ritiro del monarca prussiano dalle ostilità» come sostiene Gorani; dovette essere più efficace la sconfitta di Valmy. E forse il duca avrà pensato che l'autodisciplina del pubblico parigino a passeggio nel parco delle Tuileries, esibita come frivolo esempio di moderazione sanculotta, dimostrasse semmai protervia e ostilità al re.

2. Seconda lettera al duca di Brunswick.

Descrive la giornata del 10 agosto 1792, col massacro della guardia e la carcerazione della famiglia reale. Colpa dei monarchici riuniti per incendiare Parigi, cui era venuto l'uzzolo, quella mattina, di gridare *«vive le roi! au f... la nation!»*, e degli sleali svizzeri che invitarono amichevolmente i patrioti a farsi mitragliare. Patrioti - prosegue il racconto - che passavano di là per caso in duecentomila, schierati in ordine di battaglia e con artiglieria accortamente appostata, dopo avere per tempo montato un alibi a copertura dei capi della municipalità. Patrioti integerrimi che, dopo aver massacrato e spogliato gli svizzeri del re, andavano a consegnare al governo gli orologi che gli avevano tolto dal taschino. La Révolution ha la coda di paglia, sente la necessità di addomesticare l'informazione, e si affida alla sfacciataggine e scarsa conseguenza del Gorani.

3. Lettere a sovrani italiani (re di Sardegna, papa Pio VI, re di Napoli).

I referti sono sarcastici, i consigli pazzeschi. Queste lettere sono scritte come in sogno. Gorani, garrulo e onnisciente, cammina sulle nuvole. Strapazza i potentelli del suo paese e gl'insegna a vivere. Quest'uomo ha molto visto e viaggiato; ma - si vede - ha conservato un'anima di strapaese. Nessun interlocutore straniero gl'ispira tanto brio.

4. Lettere al re d'Inghilterra e allo statolder d'Olanda. S'accompagna loro la lettera al re di Spagna delle edizioni più tarde, qui non riprodotta.

Avvizzisce il gioco dei referti e dei consigli, e resta a nudo il fondo di denigrazione già affiorato nelle lettere precedenti. Delle lettere inglese e olandese, Gorani si scusa nei *Mémoires:* «Fui costretto a scriverle dalle minacce degli uomini più potenti.» Vogliamo credere che le minacce fossero gravissime, e gli uomini potentissimi. Però la lettera spagnola (mai spedita

- ma non per merito di Gorani) risale all'anno precedente ed è dello stesso stampo.

*

Mentre si trovava a Ginevra, prima di rompere i ponti con il governo francese, questo inviò in dono a Gorani duemila copie dell'edizione in volume delle *Lettres*, stampata nel 1793, «perché le vendessi a mio beneficio, in un'epoca nella quale quest'opera era molto ricercata. Vendendole, come avrei potuto fare molto facilmente perché il volume mi veniva richiesto denari alla mano, avrei potuto ricavarne tremila lire. Ma poiché ero addolorato per aver contribuito al successo della rivoluzione con i miei scritti, ne bruciai una gran parte e gettai il resto nell'Arve e nel Rodano.»

Lettres aux souverains e *Mémoires secrets* tolsero a Gorani ogni ulteriore prospettiva d'impiego in giro per l'Europa. Lui se ne dispiacque, pensando che avrebbe potuto rendere all'*ancien régime* gli stessi servizi che aveva reso alla rivoluzione: «Se le potenze avessero avuto il buon senso e la generosità di perdonarmi e di concedermi il permesso di ritirarmi nei loro stati, avrei potuto riparare al male che avevo fatto... Avevo conosciuto bene tutti quegli uomini [i leader rivoluzionari], potevo valutare la capacità di ciascuno e forse avrei avuto la soddisfazione di tirarli giù dai loro piedistalli.» Questa volta la sua vocazione fu tarpata.

Gorani che scrive

Il libro è uno smagliante esempio di propaganda rivoluzionaria nella tarda estate 1792. L'occasione 'militante' giustifica ogni eccesso di parzialità, e non è certo propizia a esporre visuali storiche o ad «approfondire gli oggetti». Corredare il testo di note che ne circostanziassero e discutessero le affermazioni, darebbe facilmente risultati grotteschi. Per altro verso, le matrici razionali che stanno dietro i discorsi del Gorani appartengono al nostro mondo, nel bene e nel male; mentre quelle dei suoi avversari sprofondano nel passato remoto.

Non si può negare che Gorani agiti temi di grande storia. Certe sue valutazioni sono assennate e confermate dai fatti. Ma la sua mentalità lo porta a discutere di popoli e re, di economia e religione, in chiave di *petite histoire* infarcita di aneddoti. Con i suoi grandi interlocutori assume un'aria confidenziale, giocherella coi bottoni del loro panciotto e non esita a ficcargli le dita negli occhi.

Nelle lettere più brillanti - quelle indirizzate ai regnanti italiani - l'autore vilipende senza ritegno le sue vittime e le abbiglia da maschere di commedia buffa. Non si può dire che assuma toni di dura condanna, anzi esibisce una sarcastica complicità. Bel coglione sei stato! Adesso vorrai salvare il salvabile. T'insegno io come si fa.

I personaggi rappresentati sono sgargianti caricature. Il re di Sardegna, sovrano da operetta, sperpera i soldi lasciati da papà e s'indebita fino al collo per infiorettare i suoi abominevoli piemontesi, a scapito dei savoiardi sempliciotti e dei ginevrini danarosi. Ma poi si mette con gente più furba di lui, e non c'è verso di riportarlo sulla retta via: quando ascolta la ricetta per togliersi dai guai, si sente male e casca per terra.

Il papa vanesio si pavoneggia colle signore («Che belle mani, che belle gambe, quant'è carino il nostro papa!»). Suppone che i diritti dell'uomo siano caduti in prescrizione («Se sono diritti naturali ci son sempre stati. E allora perché hanno dovuto aspettare che li scoprissero i francesi? Prima nessuno ne sapeva niente»). Ma alla fine dà le dimissioni con un memorabile discorso ai sudditi.

Il re di Napoli è venuto su come un ragazzo di strada. Gli è rimasta l'abitudine di mangiare gli spaghetti con le mani. Quando visita i parenti, nelle corti di Vienna e di Firenze, parla come Bertoldo. Gorani lo ritiene un allievo ricettivo, e va per le spicce: «Dovete far rinchiudere la regina, oppure rispedirla a Vienna sotto buona scorta; Acton, impiccatelo».

Gorani stesso fa da spalla ai protagonisti, adornandosi di sconfinate cognizioni e di superiore saggezza, come di baffoni disegnati col turacciolo carbonizzato.

Qualunque altra cosa vogliano essere, queste tre lettere italiane si raccomandano soprattutto come piccoli capolavori di comicità. Le muse dell'autore sono acidità e sarcasmo; ma il testo è riuscito comico, d'un umorismo che oscilla da preterintenzionale a involontario. Preterintenzionale, perché l'intento sarà stato semplicemente di rendersi gradito ai lettori del *Moniteur*; e rovinosamente involontario, quando Gorani tratteggia sé stesso. Molto buon senso e ricorrenti venature drammatiche si mescolano al comico, lo preservano dal cadere nella farsa scurrile e rendono la commedia consistente e accattivante.

La prosa è una miscela di giornalismo apologetico e scandalistico. Non si può dire che brilli per magia di stile. Gli strumenti preferiti sono le enumerazioni e le reiterazioni: liste di aggettivi, elenchi schematici di ragioni, raffiche di domande retoriche, lunghe sequenze di cliché verbali che sembrano litanie. Senza dire che nel francese affiora a volte lo stampo meneghino.

Eppure Gorani è arguto. Come qualificare quest'arguzia, tanto diversa da quella toscana? Può presentare immagini nitide e scorci suggestivi, ma è priva di garbo e misura. Può scadere nello scriteriato, oppure nel volgare fino alla bassezza.

La stoffa di cui è fatto Gorani è troppo povera per classificarlo rispettando il decoro. Non saggista o storico, ma rimasticatore e pettegolo; non attore politico, ma comparsa adattabile e un po' spregevole; non letterato, ma chiacchierone divertente in un momento di grazia. Bisogna prenderlo per quello che è: un piccolo memorialista maligno, e un bel tipo.

Si sa che in Italia, da molto tempo, la comicità è vernacola. Un tipo della tradizione milanese sembra tagliato su misura del

Gorani. *Baüscia* nel dialetto è la saliva, e il *baüscia* è un chiacchierone che si lascia andare a parlare di sé e del mondo fino a orlarsene le labbra. Critica tutto e tutti: lui solo sa come e che cosa si dovrebbe fare. Ha un'arguzia petulante, e ama incaricarsi d'ogni cosa. Sa esprimere il buon senso popolare, e non è escluso che mostri lucidità e capacità; ma finisce sempre per sentirsi misconosciuto. Allora s'intenerisce e piagnucola. Il *baüscia* è bipolare: muove dalla critica energica, e finisce nella critica depressa. A Milano sono rimasti ormai pochi milanesi, ma càpita ancora d'incontrare qualche esemplare di *baüscia.*

Gorani è uno di loro, un fratello maggiore. Per imbattersi nella sua fase depressa, si legga per esempio la conclusione dei *Mémoires:* «Annoiato, stanco come sono ormai di tutte le cose e di quasi tutte le persone, soprattutto in questa deplorevole Ginevra, non c'è da stupirsi se termino la mia carriera annoiato e stanco di me stesso. In questo momento soprattutto, mi sembra di non valere l'inchiostro e la carta che ho adoperato per scrivere queste memorie, e che intrattenere il lettore sulla mia persona significhi perdere il mio tempo e farlo perdere a lui.»

Nemmeno per sogno. Anzi, bisogna fare il possibile per ricuperare il Gorani alle nostre letture, e non solo perché è vissuto in tempi di grandi e tragici avvenimenti. Dove troveremmo altrove una rappresentazione così viva del suo tipo umano? Dove troveremmo (Dio ci perdoni) tanto divertimento in scritti rivoluzionari, un po' per merito suo, un po' a sue spese?

Lettere ai sovrani

sulla Rivoluzione Francese

Al re di Prussia,
circa i suoi interessi nelle relazioni con Francia e Polonia

20 giugno 1792

Sire,

i giornali ripetono da qualche mese che avete intenzione di attaccare la Francia con un'armata di 40 o 50.000 uomini. Non riesco a crederlo. Mi pare impossibile che un sovrano così intelligente si affidi a un'alleanza mostruosa, impolitica, assurda, per distruggere una nazione che ha un debole per lui e, anche solo per motivi geografici, è sua alleata naturale. Eppoi a che scopo? Per favorire l'ambizione delle due potenze più voraci che ci siano, quelle che possono creargli i maggiori pericoli. Non riesco a credere che il nipote di Federico il Grande, nutrito di buone lettere, ricco di grandi doti, da un momento all'altro si riduca a un balocco nelle mani di un ministro astuto. Quel vecchio volpone di Kaunitz ha passato la vita a concepire progetti colossali: metà sono falliti, e l'altra metà ha messo nei guai chi contava di giovarsene.

No, sire, non crederò mai che vostra maestà voglia rovinarsi con le sue mani. Eppure è difficile non crederlo, quando le ultime notizie danno le vostre truppe in marcia verso le frontiere francesi.

L'andamento attuale della politica dimostra, sire, che la maggior parte dei sovrani è stata ingannata sul vero carattere della rivoluzione francese. A me è sembrata un evento così straordinario, e le notizie disponibili erano così incerte, che per capirci qualcosa ho sentito il bisogno di lasciare la mia patria e recarmi a Parigi, per vedere con i miei occhi. In questa lettera troverete il risultato delle mie indagini e riflessioni.

Mi è accaduto di trascorrere qualche anno negli stati della monarchia prussiana, e mi sono affezionato ai prìncipi che li governano. In vita mia ho visitato tutti i paesi d'Europa. Non c'è monarchia come la vostra, sire, in cui il dispotismo militare sia ugualmente temperato dalla sollecitudine per la pubblica sicurezza; in cui il potere più assoluto si astenga dal diventare strumento d'oppressione. Il desiderio che questa monarchia si conservi, che i prussiani prosperino, che voi prosperiate, mi dànno un irresistibile impulso a rivolgermi direttamente a vostra maestà.

Si dice che collaborerete col ciarlatano ottuagenario che manovra la corte di Vienna e dedicherete ogni sforzo a distruggere la libertà francese, per rimettere in sella quei prìncipi e nobili francesi che si trovano a subire le conseguenze della propria inettitudine. Già conoscete le peripezie della monarchia francese; lasciate che vi ricordi le belle imprese di quelli che adesso chiedono il vostro aiuto. Vostra maestà si renderà conto quanto sarebbe sbagliato sprecare uomini e risorse a favore di personaggi che si sono rovinati da sé.

La gente qualsiasi è mossa da passioni qualsiasi. Ma i grandi prìncipi si muovono per grandi motivi e grandi interessi. Vi diranno, sire, che un sovrano magnanimo deve proteggere e soccorrere i colleghi infortunati. Certo che lo deve, se l'infortunio deriva da imprudenza o da sbagli veniali. Ma prìncipi che soccombono a una caterva di vizi vergognosi e delitti imperdonabili, senza traccia di virtù né talenti - prìncipi vigliacchi che scappano a gambe levate, e abbandonano la causa monarchica invece di difenderla: gente come quella merita il vostro sdegno, e non la vostra compassione. Dovete detestarli come rei di aver reso spregevole e odiosa la monarchia francese.

Vi esortano a temere che l'esempio della Francia diventi contagioso e inoculi velleità d'insurrezione nei vostri sudditi. Storie. Per convincersi, basta che vostra maestà esamini le circostanze che hanno scatenato l'insurrezione francese. Perché ci si arrivasse, han dovuto accumularsi tutti i malanni che possono desolare una monarchia, quando il sovrano è ignorante, incurante e incapace di governare. I francesi non si sognarono di scuotere il giogo, finché non si trovarono caduti in fondo al pozzo, esaurita ogni umana pazienza, in balìa delle sregolatezze di una regina che non era capace di respirare senza far danno allo stato.

E fate conto che i francesi subivano anche i parlamenti, che disponevano arbitrariamente dei loro beni, della libertà e della vita; che torturavano i condannati, e condannavano pressappoco tanti innocenti quanti colpevoli.

Schiacciati da imposte, decime e dazi, i francesi odiavano gli esattori fiscali con la loro infinita sbirraglia, e gl'intendenti, che esercitavano nelle province il dispotismo più opprimente e rovinoso.

I francesi s'indignavano contro i nobili insolenti, ottusi, rapaci, che s'impadronivano d'ogni carica ecclesiastica, civile e militare di qualche importanza, e succhiavano tutti i favori della corte. Nobili che li tormentavano e rovinavano con un'infinità di esosi diritti feudali, corvée e servitù vergognose, cacce che devastavano i raccolti, giurisdizioni signorili arbitrarie, libertinaggio che non rispettava nessuno, e così via.

I francesi, spremuti da prìncipi, ministri e cortigiani, guardavano il debito enorme accumulato dal governo e lo vedevano con terrore crescere ogni giorno. La prospettiva cui li esponeva lo scialo della corte era la bancarotta dell'intero paese.

E il clero? Immerso nei vizi e nei debiti, non sapeva più salvare nemmeno le apparenze. Annegava negli scandali. Ai francesi non restava altra via d'uscita che confiscare e vendere i suoi beni, per pagare lo sconfinato debito pubblico e dar sollievo alla classe popolare.

Il dispotismo regio e ministeriale francese, il labirinto delle aristocrazie, sono stati distrutti da queste cose. Da voi non c'è niente di simile. La regina di Prussia non scialacqua il denaro dello stato a favore di parenti e favoriti; non intriga contro il marito e contro il paese. Il vostro paese, sire, è governato personalmente da voi. Siete accessibile ai vostri sudditi. Prìncipi, duchi e ministri sono uomini sensati, e sono i primi a mostrarsi sottomessi. Nei vostri tribunali si rende giustizia. I vostri preti sono pochi e hanno pochi quattrini; sono colti, ubbidienti e dànno il buon esempio, tanto più che son padri di famiglia. Tenete in riga i vostri nobili, e non gli permettete di opprimere impunemente il popolo. Non avete debiti: semmai accumulate economie. Da voi città e campagne sanno di poter contare, al bisogno, sul sostegno della vostra tesoreria. Il vostro è uno stato militare e non ha niente in comune con la vecchia Francia. Meriti distinti e anzianità di servizio regolano le carriere come un orologio. Dove andrebbero ad annidarsi, nella vostra amministrazione, sintomi di sfacelo e d'insubordinazione?

I popoli si rivoltano quando sono disperati. I vostri popoli invece sono contenti, perché il vostro governo è ferreo ma paterno. Continuate così, e non avrete nulla da temere da parte loro. Essi non possono ignorare che la libertà francese costa cara. Non gli verrà certo l'uzzolo di pagare quel prezzo, ma preferiranno il vostro regno equilibrato e pacifico alle tempeste d'una rivoluzione.

D'altronde, sire, se concepiste l'idea di distruggere un governo libero, il progetto non sarebbe realizzabile. Ecco perché.

I vostri soldati sono certo superiori per tattica e disciplina. Possono vincere battaglie: due, tre, quattro. Ma i francesi, perdendo, impareranno a vincere. Glielo insegnerete voi, come Carlo XII lo insegnò ai russi, che non avevano coraggio, patriottismo, intelligenza e intraprendenza paragonabili ai francesi. Del resto non potrete dar battaglia senza perdere migliaia d'uomini. E ci saranno il logorio degli scontri di posizione e le diserzioni, frequenti fra truppe di soldati raccolti da ogni paese, quasi tutti arruolati per forza. Per rimediare alle perdite dovrete fare costosi arruolamenti: per mille soldati spenderete quanto i francesi per centomila. Badate, sire, di non vincere come Pirro, che alla fine disse: «Un'altra vittoria come questa, e sono rovinato».

Ricordate gli angloamericani: erano la schiuma d'Europa. Non sapevano cosa fosse la guerra, erano senza ufficiali, senza capi. E per amor di libertà diedero il fatto loro alle truppe d'Assia e d'Hannover, le migliori del mondo.

Anche la Francia si arma per la libertà. Allora la forza diventa incalcolabile e le risorse inesauribili, specie se i cittadini si armano a proprie spese e combattono per le proprie case. E sono un buon quarto della popolazione d'Europa. Fra loro, niente diserzioni: non si diserta casa propria. Scapperanno gli ufficiali, ma di solito sono incapaci: c'è tutto da guadagnare a levarseli di torno, e rimpiazzarli con gente patriottica e competente.

Se è il contagio insurrezionale che temete, non potrebbero essere proprio le vostre truppe a portarvelo in casa? Ah, se vostra maestà avesse idea di quanto piace alla gente sentir parlare di libertà, ci penserebbe due volte prima di mandare allievi a questa scuola! Disertori e prigionieri saranno coccolati, perché si facciano della libertà francese l'idea più vantaggiosa, e non indaghino troppo sugl'inconvenienti. Francamente, sire, il vero pericolo di contagio è questo. E non vedo che un modo per evitarlo: lasciare che Francesco II corra i suoi rischi da solo, e approfittare delle sciocchezze che non mancherà di fare.

Dobbiamo proprio credere che, nell'alleanza contro la Francia, vostra maestà si sia assunto il ruolo di rovesciare la costituzione francese agli ordini di casa d'Austria, mentre l'imperatrice di Russia, per conto suo, deve liquidare la costituzione in Polonia? Quella stessa costituzione polacca che vostra maestà ha suggerito, concertato e garantito?

Se questo è un progetto e non un'invenzione dei giornalisti, spero che vostra maestà vorrà riflettere:

1. che aiutereste la corte di Vienna a occupare Alsazia e Lorena, mentre Caterina occuperà tutta quanta la Polonia;

2. che alla casa d'Austria brucia ancora la perdita della Slesia, e non ha certo rinunciato a riprendersela;

3. che l'Austria è eterna rivale della Prussia, e non sogna altro che ripristinare i confini territoriali del secolo scorso.

Vostra maestà non può ignorare che il monarca austriaco concupisce ogni terra tedesca, la considera roba sua, guarda ogni stato dell'impero come un tempo i re di Francia guardavano Normandia, Bretagna, Borgogna e via dicendo. Il grande Federico non si fece mai illusioni in proposito, e tenne sempre gli occhi aperti. Fu per difendersi da queste mire che accettò con entusiasmo l'idea lungimirante - che gli presentaste proprio voi - di una lega germanica facente capo alla Prussia: quella sì, è una grande visione politica, che vostra maestà non può dimenticare.

Se ora appoggiate l'Austria che aggredisce la Francia, perdete il ruolo di punto di riferimento di gran parte della Germania; non siete più protettore dei privilegi dell'impero, ma solo strumento dell'ambizione austriaca.

Le prospettive d'espansione della vostra casa sono in Boemia, in Moravia, nei tre principati slesiani che appartengono ancora all'Austria. Quelli sono gli stati che vi convengono, e potete prenderli quando volete. I prìncipi tedeschi non batteranno ciglio, anzi si congratuleranno con voi, perché si sentiranno più sicuri. Una monarchia prussiana più forte sarebbe in grado di bilanciare meglio lo strapotere austriaco.

Ma se appoggiate la potenza che dovete combattere, se l'aiutate a vincere, se gli fate annettere Alsazia e Lorena: che ne sarà di voi? Allora sarà l'Austria a dettar legge e a togliervi la Slesia. Diventerete un sovrano di secondo piano. La vostra risorsa, la Francia, l'avrete voi stesso estromessa dal gioco. E la Francia è l'unica potenza che abbia interesse quanto voi a vedervi crescere a spese dell'Austria.

L'alleanza contro natura con Vienna e Pietroburgo darà mano libera a quest'ultima di occupare o distruggere la Polonia. Ci avete pensato bene? Quel regno è vostro alleato naturale per posizione geografica, e ha interesse ad appoggiarvi con tutte le sue forze, non appena riesca a ristabilire l'ordine interno: infatti non ha altro modo di resistere a Russia e Austria. La costituzione polacca vi fa comodo e del resto, come ho già ricordato, è stata concordata con voi; permettere che venga rovesciata è politicamente scorretto ed è pericoloso.

Se ne dicono tante. Avreste persino concordato, sire, di procedere a una nuova spartizione della Polonia con Austria e Russia. Peggio che mai. I vostri stati si troverebbero a diretto contatto con la Russia, il più invadente dei colossi, che ambisce a mangiarsi tutta l'Europa. E se la Russia, con uno di quei voltafaccia che sono la sua specialità, convincesse l'Austria a unirsi a lei per aggredirvi? Come ve la cavereste? Chi correrebbe ad aiutarvi? Francia e Polonia, dopo che le avreste fatte a pezzi?

Non potete rinunciare, sire, a mettere fra voi e la Russia uno stato cuscinetto, forte abbastanza per aiutarvi ma non tanto da inquietarvi. Figuratevi: persino la Cina ha bisogno di un ampio terreno neutrale fra sé e la Russia, per non farsi pizzicare dal governo di Pietroburgo.

E poi, quanta parte della Polonia vi toccherebbe? Se la spartizione si facesse col criterio proporzionale, ricordate che la Russia ha 30 milioni di abitanti: 5 a 1 rispetto ai vostri stati; e l'Austria, con i suoi 19-20 milioni (senza contare le rispettabili entrate di 94 milioni di fiorini) diciamo: 3,5 a 1. E questo sarebbe un criterio obiettivo, ma potrebbe andarvi peggio. In ogni caso la spartizione vi assegnerebbe un pezzettino insignificante del territorio, tanto da non darvi risorse per resistere, non dico a un'aggressione congiunta dei vostri alleati, ma nemmeno a uno di loro scelto a caso. La vostra potenza si avvierebbe a scomparire dalla scena politica.

In una parola, sire: proteggere Francia e Polonia è nel vostro interesse; sono Austria e Russia a minacciarvi. Se aveste davvero le intenzioni che dice la stampa, sareste stato consigliato da uomini che non vedono più in là del loro naso, oppure sono venduti.

Al duca di Brunswick,
in occasione del suo manifesto contro la Francia

4 agosto 1792

Monsignore,

il manifesto contro il popolo francese, che viene pubblicato a nome di vostra altezza serenissima, mi induce a inviarle copia di una lettera che ho indirizzato il 20 giugno scorso al re di Prussia, circa i suoi interessi verso la Francia e la Polonia. L'accompagno con alcune riflessioni suggerite da zelo disinteressato.

Un manifesto come questo non può venir da voi. L'ignoranza politica e l'intempestività che dimostra non possono venire dal sovrano più intelligente d'Europa. È un parto evidente delle zucche della corte delle Tuileries, così fertili in fatto di sciocchezze. Un documento rivolto a tutto il mondo, contro un paese che è patria di tanti uomini di spirito, tanto abili a scrivere e parlare - un documento come questo, dovrebbe avere dignità di pensiero e di stile, per essere all'altezza dei grandi prìncipi che si sono alleati contro la Francia. Non ci si aspetterebbe di trovarvi dentro insulti, calunnie, e tanto meno minacce. L'atto d'accusa contro un grande paese richiede grandi avvocati, e non scribacchini come questi. D'altronde il manifesto non osa mostrarsi fuori da una modesta circolazione clandestina, ed è così strambo che sarebbe ridicolo prenderlo sul serio. Perciò lo trascuro, per occuparmi delle grandi ostilità che vostra altezza serenissima, a quanto si dice, sta per intraprendere contro la Francia.

Per gran parte della mia vita sono stato viaggiatore e

soldato, soprattutto nei paesi del nord. Ho conosciuto di persona principi, duchi e ministri che hanno recitato o ancora recitano sulla scena politica in quei paesi. Ebbene, per me è inconcepibile che questi grandi personaggi si siano lasciati sedurre dai prìncipi ed emigrati francesi, noti a tutti per la loro ignoranza, immoralità e disprezzo degli stranieri. Come hanno fatto gli sciocchi a ingannare i saggi? Persino voi, monsignore, che accettate l'incarico di servirli alla testa degli eserciti uniti d'Austria e di Brandeburgo.

Gli emigrati vi avranno raccontato che la Francia era lacerata dalle fazioni; che all'apparire di un esercito nemico alla frontiera, sarebbe scoppiata la guerra civile. Ciò che possono dirvi di vero, è che hanno partigiani a corte e qua e là nel paese, specialmente nelle piazzeforti. Non dubito che comandanti e ufficiali di sentimenti monarchici ve le consegnerebbero volentieri. Ma forse i vostri informatori avranno dimenticato di aggiungere che tutte queste piazzeforti sono saldamente controllate da municipalità, rette da magistrati del popolo ligi al nuovo ordine e pieni di zelo: i comandanti e gli ufficiali saranno sorvegliati giorno e notte, e messi nell'impossibilità di nuocere.

Vi hanno preso in giro, monsignore, raccontandovi che vi troverete di fronte solo un pugno di faziosi. Vedrete che pugno! Dovrete fare i conti col 95% della nazione: gente invasata dalla fede in un nuovo dio, che chiamano Libertà. Non c'è sacrificio che tutti non siano pronti a fare, vecchi e giovani, uomini e donne. Tutti offriranno i beni e la persona per difendere la patria, tutti affronteranno allegramente le fatiche, le miserie, la morte.

La rivoluzione inglese che ha incoronato il principe d'Orange ebbe molti dissenzienti: il 25% degl'inglesi erano per James Stuart. Durante la rivoluzione americana, il 33% degli abitanti erano per il re d'Inghilterra. Ma le minoranze non contarono nulla, e quelle rivoluzioni si fecero fino in fondo. Chi fermerà la rivoluzione francese, che ha un sostegno quasi plebiscitario?

Io non sono né tedesco né francese, monsignore; non sono né Democrate né Aristocrate. Non milito in nessun partito e vedo le cose come sono. Infuriano gli uragani, ma il mio cielo è senza nubi. Mi sento amico di tutti gli uomini, ma semmai sono portato a stimare più i prìncipi del nord di quelli del mezzogiorno, perché mi sembrano migliori. Per vostra altezza serenissima, poi, ho una particolare venerazione. Eppure oso dirle che s'è presa sulle spalle un fardello superiore a ogni forza umana.

Vostra altezza si è guadagnata la più brillante reputazione militare; il saggio governo dei vostri sudditi vi ha reso ancor più rinomato. Perché rischiare i vostri allori, perché cancellare dal tempio della memoria un nome onorato e benedetto, lordandolo in una guerra a sostegno di tiranni, ingiusta e contraria a ogni buona massima politica, visto che ha lo scopo - come osserva saggiamente il reggente di Svezia - di elevare nuove barriere fra i troni e i popoli?

Il mezzo più efficace per un principe straniero di preservare il suo stato da questo cosiddetto mal francese, è riformare gli abusi della sua amministrazione e abbandonare i francesi a sé stessi: che se la vedano fra loro. Invece il mezzo più sicuro di portarsi in casa fermenti rivoluzionari è di tuffar le mani dentro l'infezione e mandarci a scuola i propri soldati, perché si facciano istruire sui principi rivoluzionari e vengano a insegnarli ad amici e parenti.

Lo scopo della vostra coalizione vuol essere la tutela della regalità oltraggiata? Ma è troppo tardi, monsignore. Qualcosa si sarebbe potuto fare all'inizio, quando i programmi rivoluzionari erano appena abbozzati, quando l'opinione pubblica non se ne rendeva conto, quando il popolo non conosceva ancora la sua forza e non aveva perso la testa per l'idolo della Libertà.

La regalità è sempre stata rispettata nei monarchi degni di stima; ma ovunque è stata oltraggiata, quando la esibivano persone spregevoli, odiosi tiranni che preferivano l'indolenza al lavoro, l'arbitrio alla giustizia, la violenza alla moderazione, il vizio alla virtù. A Luigi XVI, a sua moglie e ai suoi parenti non è accaduto nulla che non avessero già sperimentato tanti altri sovrani, che come loro avevano avvilito il proprio augusto rango con ogni sorta di turpitudini. Vi pare, monsignore, che proprio i francesi - così orgogliosi dei loro sovrani, attaccati fino all'eccesso alla *grandeur* della loro casa reale - si sarebbero lasciati andare a mancar di lealtà e sottomissione, se sul trono ci fosse stata una persona come voi?

Voi avete visitato tutti gli stati d'Europa. E quando siete tornato dalla Francia, che vi aveva accolto con entusiasmo e ammirazione, avete commentato: «La corte di Versailles è una sentina d'ogni vizio e disordine». (Ricordo per esempio che, degli stati del re di Sardegna, diceste: «È il paese con le piazzeforti migliori, e i soldati peggiori e più indisciplinati che abbia mai visto»). Il vostro sguardo era limpido, quando osservaste quella gente nel suo ambiente. Come avete potuto dimenticarlo?

D'altronde le vostre truppe sono alle frontiere francesi. Non vedete che vi ha preso in giro, chi ha detto che ciò sarebbe bastato a far scoppiare la guerra civile? L'avete davanti agli occhi: mai i francesi sono stati più uniti, più energici, più patriottici, di quando vi hanno visto arrivare. I romani acquistavano tranquillamente le proprietà su cui stavano accampati i cartaginesi di Annibale. I francesi pagano fior di quattrini per acquistare i beni nazionali che le vostre quadrate legioni stanno per calpestare coi propri stivali, se proprio siete deciso a portare in fondo l'idea di marciare su Parigi. Attenzione. I decreti più aggressivi dell'Assemblea nazionale sono stati approvati dopo che si è saputo del vostro arrivo alle frontiere. Minacciate i parigini di farli mangiare dall'orco se danno dispiaceri al re, ma non mi pare che loro si spaventino troppo; anzi, discutono tranquillamente nei loro comitati l'abolizione della monarchia. 47 sezioni su 48, in città, hanno già adottato questa mozione da presentare all'assemblea nazionale. Al vostro ingresso nel territorio francese, questa energia è raddoppiata. Non farete cadere i francesi ai piedi di Luigi XVI: farete cadere la monarchia.

Se chi v'informa sugli atteggiamenti popolari fosse sincero, monsignore, vi riferirebbe che questa gente - continuamente provocata e ingannata dagli agenti delle Tuileries, che cercano di spingerla alla guerra civile - benché a volte sia giunta sul punto di cadere nel tranello, è sempre riuscita a fermarsi in tempo. È bastata una parola dei suoi magistrati per farla rientrare nell'ordine.

Ecco un esempio. Luigi XVI aveva chiuso al pubblico i giardini delle Tuileries, che sono il passeggio preferito dai parigini. Dopo che la gente aveva sopportato la seccatura per qualche settimana, i mestatori si sono messi all'opera per istigarla a buttar giù i cancelli. Si era sul punto di farlo, ma è bastata una parola dei magistrati perché i dimostranti si disperdessero. Un decreto ha consentito l'accesso a un settore limitato dei giardini, contiguo alla sala dell'assemblea nazionale. Allora il re, indispettito, ha riaperto tutti i cancelli. Ma il popolo si tiene al decreto: un nastro di stoffa delimita la zona permessa, e tutti lo rispettano come se fosse una barriera invalicabile.

Vedete da queste piccole cose, monsignore, che i parigini son gente di carattere, ma non sono indocili: non chiedono di meglio che ubbidire a un'autorità legittima che sappia comandare.

Da qualche giorno si ripete, monsignore, che avete intenzione di venire proprio qui nella capitale a dettar leggi alla Francia. Vostra altezza non penserà mica che Parigi si possa tenere in rispetto con pochi plotoni, come fece Hadick a Berlino. E per disporre di grandi truppe, come assicurarne la sussistenza senza avere il controllo di piazzeforti, senza disporre di magazzini adeguati a portata di mano? Forse foraggiandovi nelle campagne, come si faceva in Boemia,

Slesia, Sassonia e Lusazia al tempo della guerra dei trent'anni? Ma là i foraggiatori non avevano niente da temere da quei poveri contadini tedeschi, nati e cresciuti in mezzo ai saccheggi, che tremavano a sentire un urlo o a vedere il bastone d'un militare. In Francia è diverso. Qui i contadini non sono abituati a farsi malmenare, e non credo che siano disposti a imparare, dopo il 14 luglio dell'89. Vedrete i contadini unirsi ai cittadini, armati di tutto punto e comandati dagli ufficiali municipali. Essi piomberanno sui vostri foraggiatori e li faranno a pezzi, se non saranno svelti a scappare; o piuttosto se non diserteranno in massa, secondo il gusto diffuso dei soldati tedeschi, specialmente prussiani. E vedrete come aumenterà quel gusto, dopo il decreto che assicura ospitalità e libertà ai disertori! Dovreste farci un pensierino, su quel decreto. Sarete costretto ad accompagnare i traini della vostra artiglieria con un corteo di carri di viveri e foraggio più lungo di due leghe, che vi costerà un occhio della testa, v'impastoierà i movimenti e sarà esposto ogni momento al saccheggio, all'incendio, al massacro.

Ma supponiamo che alla fine riusciate a portare a Parigi una grossa armata. Non finisce lì. A Parigi dovrete fare i conti con un milione, a dir poco, di uomini robusti e ben armati. I consumi di Parigi offrono mercato e guadagno in un circondario di 20 leghe, in ogni direzione. Potete scommettere che gli abitanti del circondario correranno a difendere i propri affari, e riforniranno la città di tutto ciò che mancherà a voi. Non vi basteranno 200.000 uomini per bloccare una città così grande. E in mezzo all'immensa folla degli abitanti, inebriati dal fanatismo della libertà, quanti rischi correrete? Non salterà fuori qualche Muzio Scevola? Il fatto è, monsignore, che adesso i francesi sono ben diversi da quelli che batteste in passato, e non sono pecore miti come i tedeschi.

Ma andiamo avanti: supponiamo che vi riesca di mettere sotto controllo i parigini. La controrivoluzione sarebbe ancora lontana, perché intanto gli altri dipartimenti vi preparerebbero la strada del ritorno. La trovereste più dura dell'anabasi di Senofonte: potreste perderci l'onore e la vita. Il vostro esercito, fra battaglie e diserzioni, correrebbe il rischio di dissolversi. E la Prussia non avrebbe da perdere più dell'Austria? All'imperatore resterebbero pur sempre risorse sufficienti ad approfittare della debolezza della rivale, e risarcirsi della batosta riprendendo la Slesia.

Ho detto al re di Prussia che Francia e Polonia sono i suoi alleati naturali e imprescindibili. Non mi ha dato ascolto, e ha perso l'appoggio della Polonia. Se vostra altezza riuscirà mai a rovinare anche la Francia, la Prussia non avrà più un amico al mondo. Vienna e Pietroburgo le piomberanno addosso quando vorranno, a disputarsi le sue spoglie.

Eppure, monsignore, i tempi che corrono offrirebbero occasioni brillanti a un principe saggio e stimato quale voi siete. Non azzardate tutto su una mossa sbagliata! Date retta alla mia esperienza. Rinunciate a un'impresa partita da cattive informazioni e suggerimenti interessati, e fondata sulla speranza di un'odiosa guerra civile, che non si scatenerà mai. Chi dovrebbe combattere per il re? Preti, nobili fannulloni, magistrati e notai, sembrano poco adatti. Non certo il popolo, che vede solo la Libertà. E allora monsignore, rischierete di finire come Don Chisciotte e di perderci la faccia.

Dovreste ascoltarmi, monsignore, perché non sono cortigiano e non chiedo niente per me. Vi sono affezionato perché ho avuto il piacere di conoscervi personalmente, e mi dispiace vedervi incamminato su una cattiva strada. Vorrei vedervi prendere decisioni che vi rendano popolare fra milioni di persone.

Non posso dire di più a un principe illuminato come voi. Sarò felice se le verità che ho detto dissiperanno le nubi che sembrano oscurare l'ampio orizzonte del vostro genio.

Seconda lettera al duca di Brunswick

11 agosto

Monsignore,

Nella lettera precedente vi ho avvertito che gli emigrati, da quei vigliacchi che sono, hanno ingannato vostra altezza serenissima quando l'hanno persuasa di poter intimidire i francesi con le minacce (e i parigini, poi!).

Ho osservato che, all'avvicinarsi della vostra armata, l'assemblea nazionale emanava decreti sempre più energici e il morale delle truppe si riscaldava.

Vi ho predetto che le minacce sarebbero servite solo a montar la testa alla gente e a renderla aggressiva; la sicurezza di Luigi XVI sarebbe diventata problematica. Ed ecco le predizioni puntualmente avverate.

Giudicate voi, ora, chi diceva la verità e si prendeva a cuore i vostri interessi: io o gli emigrati.

Il supplemento al vostro manifesto, che avete voluto pubblicare, ha provocato un terribile fermento. Il popolo infuriato ha chiesto a gran voce la deposizione del re, gran capo di tutti i suoi nemici. La corte dapprima ha cercato di calmare le acque, denunciando all'assemblea le vostre dichiarazioni come apocrife. Ma l'opinione pubblica sapeva bene cosa pensarne, e ha visto nel lenitivo escogitato dalla corte un'impostura in più. Diffidenza e inquietudine sono aumentate.

Quando la corte se n'è resa conto, ha rispolverato il piano tante volte mancato negli ultimi tre anni, di tirarsene fuori con un bel massacro, appiccando il fuoco ai quattro canti della città. Le risorse su cui faceva conto erano 1.800 guardie del corpo brevettate, con un codazzo di cavalieri tagliagole e preti fanatici; i battaglioni di guardie nazionali 'Enrico IV' e 'Suore di San Tommaso'; la maggior parte degli ufficiali della medesima guardia nazionale; 2.000 svizzeri ben addestrati e disciplinati.

Ieri, 10 agosto alle 7 del mattino, il re ha riunito le sue truppe nei giardini delle Tuileries, le ha passate in rivista e ha fatto distribuire vino e denaro. Ha fatto un discorsetto per esortarle a sterminare quel popolo che voleva deporlo dal trono e scacciare tutti loro dalla città. Gli scherani gridavano: *viva il re! in culo alla nazione!* Si era radunata gente a guardare. Ne partirono grida: *viva la nazione! viva Pétion! crepino i traditori!* Il re si è spaventato e si è ritirato con i cortigiani.

Una parte dei realisti è rimasta nei giardini, coi cannoni caricati a mitraglia; altri si son chiusi nel palazzo delle Tuileries; gli svizzeri si sono ritirati nelle loro caserme (che ora non esistono più, perché ieri il popolo le ha incendiate). Il re con la famiglia e il suo séguito ha chiesto asilo nella sala dell'assemblea nazionale dove, senza commenti, gli è stata assegnata una tribuna. Affri, comandante degli svizzeri, che lo aveva seguito, al momento di lasciarlo gli ha chiesto: «Sire, è la vostra ultima parola?» Il re ha risposto: «Certo. Andate, fate il vostro dovere.»

Sul Carrousel e sugli Champs-Élisées erano affluiti circa 200.000 parigini, riuniti in battaglioni di guardie nazionali e di picchieri. Alcuni svizzeri gli sono andati incontro, fingendo di fraternizzare. Li abbracciavano e li incitavano a forzare le porte del palazzo; promettevano di far causa comune. Quando i patrioti gli hanno dato retta e si son fatti sotto, una gran salva dell'intera artiglieria reale ne ha fatto strage. Eccola qua, l'ultima parola del re: *ultima ratio regum.*

I patrioti, furiosi per l'infamia, hanno risposto con infinite scariche di fucileria e con le salve di 50 pezzi d'artiglieria, puntati sul castello dal Carrousel, dal ponte reale e da place

Louis XV. Gli svizzeri si sono difesi come leoni, sparando per più di un'ora dalle finestre del castello e da feritoie praticate nei muri delle loro caserme. Ne sono sopravvissuti 150, che ora sono in prigione in attesa di processo davanti a una corte marziale. Gli altri sono stati uccisi, insieme ai realisti che si trovavano nel palazzo e nei giardini; ma parecchi ufficiali si sono dati alla fuga. Tutti i mobili degli appartamenti della regina sono stati fracassati e gettati dalle finestre.

Notate, monsignore, che i parigini non erano guidati da alcun generale. Per preservare il loro amato sindaco Pétion da ogni responsabilità, il giorno prima avevano preso la precauzione di sospenderlo da ogni incarico, e avevano fatto lo stesso per il procuratore del comune. Anzi, li avevano chiusi dentro il municipio con una scorta di 400 uomini. Passata la buriana, li hanno rimessi in carica. Ecco un tratto caratteristico di questa rivoluzione, unica e grandiosa come non s'è mai vista. Certo non mancherà d'impressionarvi. Ed eccovi altri fatti notevoli.

Ogni valore trovato dentro il palazzo delle Tuileries (in oro, argento, diamanti, moneta metallica o cartacea) è stato consegnato direttamente all'assemblea nazionale, oppure ai vicini uffici di sezione, che ne hanno rilasciato ricevuta all'assemblea. E chi si è comportato con tanto scrupolo? Quella gente che i nobili chiamano 'la canaglia'; i 'sanculotti', come si dice ora.

La famiglia reale ha visto coi suoi occhi uno di questi operai, che posava sul tavolo dell'assemblea un sacco con 800 lire in scudi d'oro, e chiedeva che si contasse subito la somma sotto gli occhi del re, perché testimoniasse com'era onesto.

E uno portava vasellame d'argento; un altro, un portafoglio con 1.800 lire in assegnati; un altro, un orologio a ripetizione e 27 luigi d'oro, trovati nelle tasche di un ufficiale svizzero che aveva ammazzato. Ci vorrebbe un libro, per raccogliere gli episodi edificanti che hanno illuminato quella giornata d'orrori.

Naturalmente era impossibile che non ci fossero sciacalli in una folla così grande. Ma nonostante la gran confusione, gli stessi sanculotti vigilavano e facevano giustizia meglio di regie guardie e regi tribunali. Si sono acchiappati una cinquantina e più di ladruncoli colle mani nel sacco: a qualcuno si è sparato un colpo in testa, qualcun altro è stato impiccato ai lampioni. La refurtiva è stata consegnata all'assemblea. Del resto è la corte a infestare la città di malviventi, ai quali promette il saccheggio delle case dei patrioti: i sanculotti gli danno una caccia spietata.

Si mettono i sigilli e si fanno perquisizioni nelle residenze reali, degli ex ministri e funzionari realisti, e in genere delle persone sospette. Sulla scrivania del re e fra le carte dell'intendente alla lista civile si sono trovati i conti delle spese che Luigi XVI ha fatto a Coblenza, per fomentare disordini nel regno, per stampare propaganda incendiaria e per falsificare carta moneta.

Le statue degli antichi re di Francia sono state abbattute. Si fonderanno i rottami per farne cannoni, a difesa della libertà francese. Anziché di monumenti, le piazze si adorneranno di pubbliche virtù. Come vedete, monsignore, qui si fa la storia.

La curiosità mi ha spinto a vedere con i miei occhi qualcosa dei fatti che vi riferisco. Prima della battaglia, ho visto una bella ragazza montare su un sasso e arringare la folla:

«Cittadini! L'assemblea nazionale dice che la patria è in pericolo, e salvarla dipende da noi. Armiamoci e corriamo alle Tuileries. Là ci sono i capi dei nostri nemici: sterminiamo quella razza di vipere, che da tre anni cerca di farci del male. Se oggi perdiamo, nel giro di otto giorni ci stermineranno tutti quanti. È questione di vita o di morte, di libertà o di schiavitù. Rispettate l'assemblea nazionale, rispettate la proprietà, castigate gli sciacalli quando li cogliete sul fatto. Andiamo.»

Ed ecco migliaia di donne gettarsi nella mischia, armate di picche e di sciabole. Ce n'erano che incoraggiavano gli uomini di famiglia; ma altre uccidevano svizzeri colle proprie mani. Parecchie sono cadute, senza che le altre si tirassero indietro. Le ho sentite gridare: «Che vengano, austriaci e prussiani! Noi avremo tante perdite, ma non uno di quei fottuti tornerà a casa!»

E voi, monsignore, pensate che donne come queste possano mettersi dalla vostra parte? Avrei voluto che ieri foste vicino a me: avreste veduto coi vostri occhi quant'è intrepida questa gente di Parigi, di Marsiglia, di Brest, uomini e donne. Vi sarebbe montata la mosca al naso, a ripensare alle bugie degli emigrati. Del resto non vi dovreste stupire, monsignore. Questa stessa gente, il giorno prima della presa della Bastiglia, mise in rotta l'armata reale di Broglie: non meno di 30.000 uomini ben dotati d'artiglieria.

Una nazione come questa sa farsi rispettare, monsignore. Non può essere trattata come un pugno di briganti, non merita gl'insulti che le avete indirizzato.

La famiglia reale è rimasta nella sala dell'assemblea fino alle 3 del mattino. Poi si è spostata in un appartamento vicino, in attesa che fosse preparato per lei quello del Temple. Alla fine ci è stata trasportata fra gli urli della folla. Ma prima ha ascoltato le nuove imputazioni di cui viene accusata, e ha assistito all'approvazione dei decreti che le tolgono ogni possibilità di nuocere, e adottano precauzioni per sventare i tradimenti che essa preparava nell'esercito, nelle fortezze e negli uffici dell'amministrazione.

Col vostro manifesto, e col supplemento che vi è piaciuto di aggiungere, avete sortito questo bell'effetto. Pensate che il re e gli emigrati ci guadagnino qualcosa? Il numero dei realisti è calato in misura significativa, perché ieri molti ci hanno lasciato la pelle; e i pochi che restano si guarderanno bene dal farsi vedere in giro. D'altronde il re ha perduto la lista civile, e non ha più soldi per comprarsi sostenitori.

Mi ripeto, monsignore: non riesco a capacitarmi che abbiate preso le difese di una causa così cattiva, e abbiate firmato scritti così privi di tatto - anzi, scusate, così indecenti. Non si parla in quel tono a una nazione di 27 milioni di persone, di cui 6 milioni sotto le armi; una nazione piena d'energia, di buon senso e d'orgoglio ben fondato. A sentire le vostre minacce, si direbbe che abbiate già vinto sette od otto battaglie, e conquistato tre o quattro piazzeforti. Alessandro non si dava tante arie dopo la battaglia d'Arbela. I romani, che pure avevano un'oratoria robusta, parlavano con rispetto dei loro nemici. Un eroe deve esprimersi con dignità anche quando vince, senza fanfaronate. Insultare una nazione è sempre sbagliato. Prima di vincere, è una sciocchezza; dopo, è una bassezza.

Io che vi parlo ha passato la cinquantina. Sono freddo e imparziale. Ho combattuto nella sanguinosa guerra dei sette anni. Ho competenza militare e conosco gli uomini. Le cose che dico le ho viste e meditate: so quel che dico.

E dico che di questo passo vostra altezza serenissima finirà male. Si è lasciata convincere da bugie, assurdità e ingiustizie a difendere una causa persa. S'inganna completamente sul carattere dei francesi, che tutti quanti - vecchi e giovani, uomini e donne - guardano intrepidi la morte.

Aprite gli occhi, monsignore. Una rivoluzione come questa è ispirata dal genio tutelare della nazione. Un genio difensore della giustizia, che non vuole che un intero popolo sia oppresso impunemente da pochi tiranni. Un genio che vendica i crimini del passato e dà un grande esempio perché non si ripetano in futuro.

Datemi retta, monsignore, nell'interesse vostro e nell'interesse di tutti. Invece di migliorare le condizioni degli emigrati, gli farete perdere il poco che gli resta. Invece di fare la controrivoluzione in Francia, diffonderete la rivoluzione nel resto d'Europa. Invece di servire la causa monarchica, cui Luigi XVI ha spalancato la fossa, correte il rischio di esser proprio voi a seppellircela dentro. E infine, invece di coprirvi di gloria, state per buttar via quella che avete conquistato in altri tempi, e per lasciare alla posterità un nome vituperoso. Correte questi pericoli perché vi hanno consigliato male. Spero che il mio tentativo di consigliarvi bene abbia fortuna.

Nelle sue Memorie *(trad. Elena Puccinelli, Laterza 1998). Gorani ritorna sui fatti del 10 agosto, e suona una musica un po' diversa. Riportiamo ciò che Gorani dice d'aver* visto *prima di scrivere questa lettera:*

...Tra le 10 e le 12 del mattino del 10 agosto attraversavo i giardini del Palais Royal per abbreviare il percorso, e tutt'a un tratto, quando meno me lo aspettavo, mi imbattei in una folla di persone armate con alla testa mademoiselle Théroigne vestita da amazzone, con gli stivali e la sciabola in mano. Salita su una panca, eccola arringare quella turba di forsennati, dicendo che bisognava dire addio alla libertà se non si distruggeva «quella razza di vipere che si annidavano nel palazzo delle Tuileries!» Tutti, uomini e donne, la seguirono per amore o per forza. In casi simili era molto pericoloso prendere qualsiasi altra direzione. Fui dunque obbligato a marciare con la folla al seguito della megera di Liegi, e la loro foga era così terribile e impetuosa che posso dire di essere stato trascinato, invece di far uso dei miei piedi e ancor meno della mia libertà. Quella folla avanzava a passo di corsa e si fermò solo al Carrousel. La battaglia era finita, le guardie svizzere vinte, le fiamme divoravano le baracche che stavano intorno all'ingresso delle Tuileries. Invano cinquantadue guardie svizzere si erano impadronite di una casa attigua al palazzo, quando il popolo si mise in moto per darvi la scalata. Io ero tra due guardie nazionali e stavo parlando con loro quando dalla casa attaccata partì una scarica di fucileria degli svizzeri, che difendevano la propria vita. La guardia alla mia destra venne colpita al cuore e cadde morta, l'altra alla mia sinistra ebbe il braccio destro fracassato; tre pallottole mi portarono via il cappello e il mio vestito fu traforato in quattro punti senza che io riportassi alcuna ferita né contusione. Un momento dopo la casa fu presa d'assalto, le guardie svizzere furono massacrate e i loro corpi gettati fra le fiamme: alcuni di loro erano ancora vivi. Allora riuscii ad aprirmi un passaggio e mi recai a visitare gli amici che mi attendevano.

Che orribile spettacolo offrì Parigi quel giorno! Un movimento terribile organizzato da fazioni spietate, appoggiato da bestie feroci fatte venire da Marsiglia, assecondato da cittadini che in fondo erano in gran parte innocenti ma fuorviati, cumuli di cadaveri nelle strade, membra palpitanti di cui facevano scempio uomini e donne di una città considerata un tempo modello di cortesia e di educazione. Ecco che cosa si vedeva in quel giorno di desolazione.

...Mai come nella giornata del 10 agosto il popolo di Parigi si è dimostrato feroce e terribile. Le manifestazioni di questa brutale ferocia sono descritte in numerosi resoconti. Racconterò un episodio che si è svolto sotto i miei occhi. Una donna aveva avuto la generosità di dare asilo a tre svizzeri. Mentre passavo sentii bussare alla sua porta nella rue Saint-Honoré. Grida minacciose la fecero tremare. Tentò ancora di nascondere sotto i materassi i tre proscritti. Gli inseguitori entrarono. Le perquisizioni per un po' si rivelarono inutili. Le intimavano di dire dove fossero, di consegnarli. Ne andava della sua vita se avesse rifiutato; ma lei resistette. Gli svizzeri furono alla fine scovati: «e adesso espierai il tuo delitto», disse un barbaro a questa donna, «prendi questa sciabola e colpisci colla tua stessa mano coloro che hai sottratto alla giusta vendetta del popolo». La donna vacillò; le presero la mano e ne diressero i colpi. L'orrore di questa scena ottenebrò la sua ragione, che non poté mai più ricuperare...

Al re di Sardegna

1 settembre 1792

Sire,

nei suoi 792 anni di regno, la vostra casa non ha mai generato tiranni; né del resto principi di forte personalità, se si eccettua Vittorio Amedeo, primo re Savoia, che fu magnanimo e intraprendente. Lui solo avrebbe potuto fare grandi cose in Europa, se le circostanze lo avessero assecondato.

I vostri avi brillarono per coraggio, moderazione, doti militari e diplomatiche; ma non sapevano governare. Nessuno chiamerebbe buon governo quello che non garantisce i diritti naturali dei sudditi; dove leggi, imposte e funzionari calpestano senza riguardi proprietà, libertà e sicurezza; dove non c'è cantuccio dell'amministrazione che non faccia a pugni con i canoni dell'economia politica.

Ancor prima degli accrescimenti territoriali che avete realizzato in questo secolo, furono talenti e qualità personali di alcuni capi della vostra casa che li fecero scegliere da grandi potenze come mediatori nei negoziati internazionali. Del resto erano state le loro doti umane, nei secoli bui del feudalesimo, a portare sotto il loro dominio popolazioni bisognose di protezione contro briganti e signorotti feroci che desolavano la regione. Avevano un territorio piccino, ma non facevano spese superflue e risparmiavano il centesimo; così ammassarono tesori. Del resto, in quel paese fertile, avrebbero ammassato ben altro se fossero stati capaci di governarlo; e avrebbero arricchito anche i loro sudditi, invece di strapazzarli.

I vostri antenati non persero mai di vista l'intenzione d'ingrandirsi, ma si accontentarono di aggiungere al patrimonio avito i territori che ricevevano in ricompensa dei servizi resi. Non guardarono mai più lontano; non mostrarono alcuna ambizione di rendersi indipendenti. E non ebbero nemmeno (salvo Vittorio Amedeo) l'energia necessaria per salire più su del rango modesto che anche voi, sire, occupate fra i sovrani.

Quattro volte la vostra casa ha sprecato grandi occasioni.

La prima si presentò ad Amedeo VI, il Conte Verde, che avrebbe potuto diventare un gran re, se avesse approfittato delle difficoltà in cui versò il regno di Francia durante la prigionia del re Giovanni.

Due secoli dopo Carlo III, se fosse stato meno erudito, meno superstizioso e più energico, avrebbe potuto cavar vantaggio dalla riforma di Lutero e Calvino. Se avesse protetto i partigiani della riforma, che in Italia erano tanti, sarebbe riuscito a rovesciare la chiesa cattolica, si sarebbe impadronito di questo superbo paese e sarebbe diventato uno dei maggiori prìncipi d'Europa. Con l'appoggio degl'italiani, Carlo avrebbe potuto sfidare la Spagna, la Francia e l'Europa intera. D'altronde avrebbe potuto contare sull'alleanza dei prìncipi che avevano già abbracciato la riforma.

Vostro padre Carlo Emanuele ha sciupato la terza occasione di uscire dall'ambito dei re di seconda scelta. Nel dicembre 1757 l'esercito di Maria Teresa era stato sconfitto nella battaglia di Leuthen. Malgrado i molti alleati, l'imperatrice si difendeva con affanno dal grande Federico, più temibile per la sua inventiva che per le forze che metteva in campo. Il governo inglese insisté ripetutamente perché Carlo Emanuele occupasse il Milanese, che si trovava a sua discrezione. Lui avrebbe potuto occupare facilmente anche Modena, Parma, la Toscana, gli Stati della Chiesa e il Regno di Napoli, che erano pressappoco inermi. Quando fosse diventato padrone d'Italia, chi avrebbe potuto nuocergli? Il paese stesso, fertile e ricco, gli avrebbe fornito le risorse necessarie per conservarlo. Magari nel trattato di pace avrebbe dovuto cedere qualcosa, ma gli sarebbe rimasto il grosso. Avrebbe fondato una nuova potenza, e vostra maestà l'avrebbe ereditata.

Vostro padre, sire, era un uomo di temperamento, ma si spaventò di difficoltà secondarie, che non l'avrebbero fermato se avesse avuto un po' di genio. In seguito volle far credere che non s'era fermato per debolezza, ma per scrupolo di giustizia e lealtà. Invano i re cercano di trincerarsi dietro i buoni sentimenti: tutti li possono osservare sotto le luci della ribalta, e prima o poi li giudicano senza appello. La verità fu che vostro padre rifiutò le sollecitazioni di Londra perché era pusillanime.

E adesso, sire, siete voi a sprecare la quarta occasione. L'attuale crisi europea vi aprirebbe grandi spazi per realizzare i piani tracciati da vostro padre. Diventereste un gran principe, se deste retta al Gorani. Il Gorani sa tutto di scienza politica, e conosce i vostri interessi meglio di voi. A Torino, quando siete salito al trono, vi ho tenuto d'occhio per qualche mese. Ho subito previsto che non sareste andato lontano, a giudicare dalle vostre spese disordinate e dallo scarso discernimento nella scelta dei vostri uomini di fiducia.

Però sembravate consapevole della necessità di migliorare lo sfruttamento agricolo del paese, e sembravate disposto a provarci. Da parte mia avevo una tal voglia di rendermi utile, che vi preparai un programma di governo che vi calzava a pennello. Era facile da realizzare, allora, con i 40 milioni che vostro padre vi aveva lasciato in cassa e i 30 milioni di rendita - tutto senza un soldo di debiti.

Misi il mio programma nelle mani di uno dei vostri ministri, e lo pregai di consegnarvelo. Se ve lo diede, voi faceste lo gnorri. Se non ve lo diede, dovette pensare che non andava d'accordo con le vostre inclinazioni spenderecce: inclinazioni che di solito ministri e cortigiani coltivano amorevolmente nei loro padroni.

Un giorno vi dimostrerò, con un quadro storico del vostro regno, che non ho smesso di tenervi d'occhio, e so per filo e per segno come vi comportate e come vanno gli affari vostri. Oggi, sire, mi preme venire in vostro soccorso con verità, dure quanto volete, che possono farvi del bene, se non le esaminate con i vostri ministri ma solo con i vostri stretti parenti.

Perché in Piemonte, nel Canavese, fino alle porte di Torino - posti favoriti da madre natura - si vedono ancora terreni incolti e brughiere, che si potrebbero facilmente coltivare a prato?

Perché avete respinto i tanti progetti di canali navigabili e reti d'irrigazione, che renderebbero fertili grandi campagne cui manca solo l'acqua, e darebbero comodità di trasporto di materiali e manifatture? Progetti facili da realizzare, in un paese zeppo di fiumi e rigagnoli.

Perché avete respinto l'offerta dei ginevrini di render navigabile l'Aar? Si sarebbero sfruttati i boschi della Tarentaise, dove adesso gli alberi restano a marcire per mancanza di sbocchi commerciali. I miseri abitanti della Savoia ci avrebbero trovato posti di lavoro e occasioni di guadagno.

Perché, invece, avete scelto di favorire otto o dieci signorotti che, per avarizia o stupidità, temevano la concorrenza per i loro boschi del Chablais? (i quali, detto fra noi, renderebbero venti volte di più se fossero convertiti in campi di grano). Avete preferito i signorotti ai ricchi ginevrini e ai buoni e laboriosi savoiardi. Eppure vi piace tanto ficcar le mani del fisco nelle tasche dei primi; e i secondi sopportano da un pezzo la rapacità e la brutalità dei vostri piemontesi.

Perché, sire, avete abbandonato la Sardegna nelle mani di viceré e di preti, che l'hanno desolata e spopolata più che mai? Si poteva dare ai sardi libertà di coscienza, di commercio e d'industria, abolendo i marchingegni legislativi che li tartassano. Si potevano bonificare paludi, dissodare lande incolte, aggiustare catapecchie, costruire villaggi. Avreste quadruplicato la resa agricola di quel buon territorio, la sua popolazione e i vostri redditi.

Queste belle cose avreste potuto farle con metà del denaro che avete gettato per gratificare furbacchioni, costruire teatrini, dare un lustro stravagante alla vostra corte tediosa, al vostro esercito di scalzacani, alle vostre ambasciate buone a nulla.

Non vi accorgete che moltiplicare i reggipanza grandi e piccini significa ingrossare la banda dei ladri, dei nemici di vostra maestà e del popolo, e portare entrambi alla rovina?

Non capite che troppi ufficiali nell'esercito impacciano le manovre in guerra, anzi le rendono impossibili? Senza dire che aumentano la massa degli stipendi inutili e la quantità dei tirannelli, che negli stati dispotici come il vostro sono la classe più immorale e nociva, seconda solo a quella dei preti.

Non vi è venuto il sospetto, sire, che tutti gli ambasciatori impennacchiati e superflui, di cui inondate le capitali, diffondano l'immagine di un paese da operetta?

Come non vedere che il lusso insolente della corte, dei grandi, dei militari, degli ambasciatori, insulta la miseria dei vostri sudditi poveracci, e li rende ancor più miseri? Non capite che privilegiare le apparenze vi taglia fuori da ogni sostanza?

Perché, sire, nominate tanti cadì, pascià e sommi pontefici? E li favorite, li rendete immuni ed esenti da ogni obbligo, e persino dal buon senso. E scegliete solo quelle scimmie dei vostri nobili piemontesi, che riescono a essere più ignoranti, vigliacchi, furbastri, brutali, avidi, vanitosi e prepotenti di quanto siano mai stati i nobili francesi.

Perché quei vostri senati e tribunali di tagliagole, che impunemente rapinano e praticano ogni iniquità?

Non vedete che ogni istante della vostra vita è lordato da mille delitti che si commettono in vostro nome, e di cui siete responsabile voi, perché potreste impedirli?

I capricci della vostra meschina vanità vi hanno fatto gettare al vento i 40 milioni ereditati da vostro padre. Avete aumentato le tasse, che già schiacciavano i vostri sudditi. Vi siete coperto di debiti fino a perdere il conto di capitali e interessi. Avete messo in circolazione più di 40 milioni di biglietti di banca privi di copertura. Avete speso in anticipo le rendite di tre anni, avete fatto un deficit che supera 10 milioni, vi siete tirato addosso debiti che superano 100 milioni.

Che cosa succederà, quando i vostri sudditi si renderanno conto di questa emorragia, del deficit, delle anticipazioni di spesa, dei debiti giganteschi, della carta straccia che va sotto il nome di carta moneta? Dovrete confessare la bancarotta, e vi beccherete la vostra bella rivoluzione. Oppure scapperete dalla sola porticina che rimane aperta: metterete in vendita i beni ecclesiastici. Ma allora che guai vi combinerà l'avarizia esacerbata dei vostri preti e monaci, che useranno il loro funesto ascendente sui sudditi? Dovrete vedervela col terribile potere esercitato dal confessionale sui vostri piemontesi, superstiziosi fanatici, che sono tanto propensi al tradimento, alla vendetta, alla rapina, alla ferocia, e sono capaci dei crimini più atroci. Allora vi renderete conto di quanto siano pericolosi i preti, e vi pentirete amaramente di aver protetto questo clero astuto, bugiardo, ignorante, intollerante, impiccione, ipocrita, superbo, rapinatore; e di esservene servito per perpetuare la stupidità credulona, l'ignoranza, l'errore, la schiavitù e tutti i lati peggiori dei vostri sudditi.

Che frutto ha dato quest'odioso modo di governare? Le vostre province, che potrebbero essere prospere, sono in rovina. Avevate ricchezze: non vi restano che debiti. I vostri sudditi - anziché liberi, colti, virtuosi e agiati - sono schiavi, ignoranti, viziosi e straccioni. E invece di esservi grati, vi fanno paura perché brontolano minacciosi. Non hanno mica tutti i torti.

E pensate, sire, che se aveste reso i vostri stati liberi e felici, oggi tutti i malcontenti d'Europa verrebbero a chiedere asilo a voi. Vi porterebbero soldi, competenze, capacità, imprese. Milano, che soffre da tanto tempo sotto un duro giogo, si metterebbe nelle vostre mani e vi fornirebbe i mezzi per sostenere l'acquisto territoriale.

E invece come vi trovate? Non siete in grado di difendervi, perché avete un esercito di schiavi indisciplinati, mal comandati, deboli, vili, senza l'ombra di patriottismo. Addio tesoro di papà, addio credito. Non potete nemmeno consolarvi con la pace dell'anima, sentirvi un galantuomo, godere di stima e fiducia degli altri. No: all'estero vi disprezzano, nel paese vi odiano. E voi vivete nel sospetto, nell'inquieta attesa di disastri, allarmato da presagi sinistri, oppresso dai rimorsi e dal terrore: non invidio le vostre notti.

E come vi è venuto in mente, disgraziato, d'impelagarvi in quello strano pasticcio che è la lega di Pillnitz? Leggetevi la storia, e vedrete che le grosse leghe eterogenee non durano e non hanno successo. Figuratevi poi che posto può occupare, là dentro, una potenza di quart'ordine come la vostra. Le altre potenze, quelle vere, la usano come fattorino e la prendono in giro. La lega messa su dal ciarlatano ottuagenario del ministero di Vienna finirà come quella di Cambrai. E voi resterete esposto alla vendetta della maggior potenza d'Europa, che vi ripagherà delle vostre ridicole velleità rompendovi la testa. Manderete i vostri quattro gatti impennacchiati ad affrontare centomila uomini arrabbiati, pronti a schiacciarvi come uno scarafaggio, se non vi tirate subito indietro e non chiedete scusa in modo convincente.

So benissimo come il comitato austriaco vi avrà convinto a far lega contro la Francia: vi avrà promesso la Bresse e il Bugey, che in altri tempi sono appartenuti ai Savoia. Ma i vostri antenati non sono mai stati in grado di conservare nessun dominio in terra francese. La corte di San Luigi li ha sempre fatti fessi. Guardate: è moralmente e materialmente impossibile che si restauri il dispotismo in Francia; ma anche se dovesse accadere, prima o poi quella corte vi toglierebbe qualunque cosa vi avesse dato in un momento di emergenza. E voi e i vostri successori che cosa ci potreste fare?

Chi siete voi, di fronte a un impero di 27.000 leghe quadrate, con 27 milioni d'abitanti e un'entrata di 600 milioni? Tutti i vostri stati (tolta la Sardegna, da cui cavate a stento 300 mila lire) non arrivano alle dimensioni della Linguadoca. Le entrate sono 30 milioni al massimo; gli abitanti sono due milioni e mezzo di poveri schiavi sparsi fra le montagne, che contano meno d'un milione in pianura. Mentre i 27 milioni di francesi, in un territorio di forma regolare, intersecato da strade eccellenti e fiumi navigabili, ben difeso dalla natura e dall'arte, ne valgono 40 dalle vostre parti. Si può dire che il rapporto fra le popolazioni è di 1 a 20 e quello fra le entrate di 1 a 23. Non è un delirio esporsi al rischio di restar schiacciati là sotto? E tutto per sostenere le ragioni infondate di nobili che avete ospitato per imprudenza, ma poi avete dovuto scacciare perché non vi mandassero in malora; e di preti che, ve l'ho già detto, non sono stati trattati in Francia peggio di quanto dovrete presto fare con i vostri in Savoia.

Il minimo che vi possa capitare da quest'alleanza è di ridurvi al lumicino, e di tirarvi la guerra civile in casa. Aprite gli occhi: avete già troppi guai per andarne a cercare altri; e non consultatevi sul da farsi altro che con i vostri parenti, i soli che condividano realmente i vostri interessi.

È una verità dimostrata da secoli di storia, specialmente nei paesi cattolici, che preti, ministri e nobili sono i peggiori nemici dei re e dei popoli. Sono questi perfidi consiglieri che, in tempi turbinosi come i nostri, buttano l'Europa all'aria e costruiscono nuove barriere fra sudditi e sovrani, per difendere i loro loschi privilegi. Loro scatenano e dirigono le guerre, ma non rischiano niente; anzi ne cavano soldi, sostenitori e potere. Il caos è il loro ambiente naturale. Il sangue dei popoli e il midollo dei re sono i cibi che ingrassano questa gente, con i loro amici e parenti. Coltivano sovrani imbecilli, ignoranti e viziosi, per opprimere e saccheggiare il mondo in loro nome.

I regnanti si credono gran despoti, ma sono fantocci prestanome di chi non fa che ripetergli che hanno solo diritti, senza nessun dovere; che nessuno deve ardire di alzar gli occhi davanti a loro; che sono padroni della vita e dei beni dei sudditi; che nessuno deve permettersi di pensare o agire colla propria testa. S'inventano tutte queste incredibili autorità in capo al sovrano, per esercitarle al suo posto. Ed è questo arbitrio che ha reso un flagello la monarchia.

È questo dispotismo, sire, che vi ha fatto spendere e spandere e vi ha portato sull'orlo dell'abisso. È il dispotismo vostro, ma ancor più dei vostri ministri e cortigiani, dei vostri preti e magistrati, che ha accumulato le disgrazie che stanno per cadervi in testa, se non rinunciate immediatamente alla vostra imprudente ostilità verso i francesi.

Se i monarchi europei avessero un barlume d'intelligenza, nelle circostanze attuali, si renderebbero conto che i loro sforzi per tener fuori dai loro stati le verità che minacciano il loro potere, sortiscono precisamente l'effetto contrario. Se fossero furbi, invece di opporsi alla corrente irresistibile, le correrebbero avanti. Butterebbero fuori i traditori che consigliano questa guerra contro i diritti naturali degli uomini. E se il giudizio loro e dei principi del sangue non bastasse a stornare l'uragano, a porre rimedio agli abusi di governo, a metter ordine nei loro affari disastrati - si cercherebbero nuovi consiglieri. Non c'è regno dove non si trovi qualche persona onesta e illuminata, additata in coro da preti e ministri come sovversivo. I sovrani dovrebbero cercare proprio questi pericoli pubblici, conquistarsi la loro fiducia, proteggerli da ogni vendetta, e farne i propri consiglieri e ministri per riformare lo stato.

Anche da voi, sire, ci sono di questi filantropi di cui avete così urgente bisogno. Ma non credo che riuscireste a cavarne niente. Come potrebbero fidarsi di voi, della vostra fragilità e incostanza, delle lacrimucce sempre pronte sul ciglio, delle promesse da fanfarone, dell'animo superstizioso che vi rende totalmente inetto a governare?

Voi dovreste ridurre le spese della vostra casa allo stretto necessario. Abolire ambasciate, senati, intendenze, governi e comandi militari. Ridurre l'esercito a 12.000 uomini scelti e professionali. Sopprimere la nobiltà. Stabilire libertà di coscienza senza alcun privilegio per alcuna confessione. Stabilire libertà di stampa, di commercio e d'industria. Definire le responsabilità dei pubblici funzionari e farle rispettare con severità. Legarvi voi stesso le mani, per togliere a voi e ai vostri successori ogni tentazione di fare sciocchezze. Garantire i diritti naturali dei cittadini con una costituzione. Vendere tutti i beni ecclesiastici per estinguere i vostri debiti e creare una classe di proprietari fondiari, che in tutti i paesi sono le persone più laboriose e più attaccate alla patria, dal momento che ciascuna ne possiede un pezzetto. E infine creare istituzioni adatte a promuovere l'istruzione pubblica e l'agricoltura.

Lo scopo dei governi dispotici è la rapina. Il delirio più funesto del despota è di non metter limiti alle spese, e pretendere che le imposte salgano fino a coprirle, qualunque ne sia l'ammontare. È un gigantesco malinteso. Per questo aspetto, vale per lo stato quanto vale per il privato: deve spendere secondo il suo reddito. Giustizia e ragione vogliono che la spesa d'uno stato autosufficiente si aggiusti intorno al 20% del prodotto netto. Questo è il limite naturale. Chi lo viola, la paga cara. Calcolate, sire, questo 20% e aggiustate la spesa pubblica dentro quei limiti. Vedrete che basterà, una volta pagati i debiti e predisposte le strutture necessarie grazie agl'introiti della vendita dei beni ecclesiastici.

Se al solo leggere questa ricetta vi sentite male e cascate per terra, sire, lasciate stare. Dimettetevi da un posto che non siete capace di tenere, dove non avete fatto altro che guai e in cui vi state giocando la testa.

Il principe di Piemonte è mal accompagnato quanto voi e, in fatto di superstizioni, ha i suoi vizietti. Però è più giovane e meno sclerotico di voi. In qualche occasione gli è sfuggita persino qualche battuta di buon senso: forse non è irrecuperabile. D'altronde ha sotto gli occhi l'esempio istruttivo di come può finir male un vecchio tiranno bacchettone. Amo credere che, se salisse al potere, prenderebbe sul serio tutte le riforme che ho detto. Però mi chiedo se non correrebbe dei rischi. Solo il vero sovrano, che è la nazione, può fare senza rischio un'operazione così impegnativa. Dovreste parlarne nel vostro consiglio di famiglia, e vedere se riuscite a organizzare questa rivoluzione. Se dite di no, la rivoluzione verrà da sé, e tanto peggio per voi.

La cosa più urgente è evitare che il buon senso entri per la prima volta nei vostri territori con le armi dell'esercito francese. Ritiratevi subito dall'alleanza austriaca. Dichiarate la neutralità e riconoscete il nuovo governo francese. Se ritardate un solo minuto crollerete, e crollerete peggio di Luigi XVI. Vi spiego perché.

In Francia si sapeva che Luigi XVI era un fannullone incapace; nessuno s'aspettava niente di buono da lui. Invece i vostri sudditi speravano che avreste fatto meraviglie.

Luigi XVI non trovava altro che cattivi esempi, nella storia di famiglia. I vostri antenati erano meno scadenti.

Luigi XVI poteva scaricare sugli antenati almeno una parte della colpa. Da voi, il pasticcione e lo spendaccione siete solo voi.

Luigi XVI poteva dar colpa alla sua trista moglie. Voi non avete la scusa.

Luigi XVI era giudicato da gente brava, intelligente e tranquilla, come sono i francesi se non si va a pestargli i calli. Voi dovete vedervela con quegli stronzi dei vostri piemontesi.

Mentre Luigi XVI, moglie e famiglia attraversavano Parigi per esser chiusi nella prigione del Temple, in attesa del peggio, le strade formicolavano di gente che gridava e imprecava. E voi come ve la caverete, per quei rigagnoli merdosi che sono le strade di Torino? Che schifo! Che cosa farete? Invocherete il santo sudario, o le reliquie del principe Amedeo che vi portate sempre sotto la camicia, e ve ne fasciate le guance quando vi viene il mal di denti? Non ci saranno né santi né madonne, né nobili né preti, che vi impediscano di fare una fine vergognosa.

Sbrigatevi a darmi retta. Ho avvertito il re di Prussia e il duca di Brunswick, perché evitassero i fallimenti che hanno già subito e quelli che li aspettano, e già incominciano a vedere quanto avevo ragione. Ma voi rischiate ben di più, perché i vostri sudditi non aspettano altro che i francesi per vendicarsi di voi.

Lo so, sire, questa è una lettera dura. Ma credetemi: vi può servire, quanto le basse adulazioni dei vostri cortigiani vi possono nuocere.

Al papa Pio VI sui casi di Francia,
dello stesso autore delle lettere al re di Prussia,
al duca di Brunswick e così via.

1 ottobre 1792

Santità,

da tre anni a questa parte si susseguono tanti avvenimenti memorabili, e portano tali evoluzioni delle menti e dell'ordine politico, che ciascuno vale un secolo. Siamo testimoni di prodigi, di progressi meravigliosi e di sforzi giganteschi per contrastarli. Quando riflettiamo sul destino degl'imperi e sui parossismi dello spirito umano che c'insegna la storia, dovremmo pensare che niente ci possa più meravigliare. Eppure riescono a stupirci gli eccessi del vecchio regime europeo, per distruggere i focolai delle verità che lo minacciano, e per soffocare la rivoluzione francese. Sembra di rivivere il mito dei titani, che accumulavano Pelio sopra Ossa per far guerra al cielo. Ma vedono, questi pazzi, che faranno la stessa fine dei titani? Possibile che nessuno spieghi loro che i vecchi poteri, di cui hanno sempre abusato, usurpavano i diritti degli uomini e delle nazioni? Che le forze che li sostenevano non appartenevano a loro, ma ai miseri schiavi che sfruttavano? Quando gli schiavi aprono gli occhi, diventano consapevoli dei loro diritti e della loro forza e tolgono sostegno ai despoti, che allora si afflosciano e si riducono a niente. I despoti dovrebbero sapere che è contro natura che la parte prevalga sul tutto. Un potere basato sul diritto del più forte, deve cedere al più forte; un potere fondato su ignoranza, errore e ingiustizia, svapora davanti a conoscenza, ragione ed equità. Non vedono i despoti che i loro sforzi per fermare la verità non fanno altro che metterla in risalto e incoraggiare l'insurrezione dei loro sudditi? Perché i sudditi vedono bene che gli si chiede di far guerra a sé stessi, per soffocare in culla la dichiarazione dei loro diritti naturali.

I miei corrispondenti dall'Italia scrivono che cardinali, vescovi, prelati, nobili, monaci e monache fanno gran collette di denaro per sostenere i nemici della rivoluzione. Essi aggiungono che vostra santità è il primo istigatore di questa nuova crociata, pazza e ridicola come quelle che spopolarono l'Europa per esportare opinioni assurde in Oriente. Dicono che incoraggiate le vostre pecorelle a quest'opera santa pagando grosse somme di tasca vostra, e facendone pagare di ancor più grosse dalla vostra camera cosiddetta apostolica. Ma santo padre, non vi eravate già ridotto col culo in terra per bonificare l'agro Pontino? Quello sì, sarebbe stato un buon lavoro, se l'aveste fatto per la pubblica utilità e non per regalare a vostro nipote un territorio tanto grande da farne uno staterello. Non vi bastava aver rovinato i vostri sudditi triplicando il debito pubblico, per tirar su l'ennesima tetra sagrestia come monumento del vostro cattivo gusto?

Che ne dite, santo padre? Non credo che i vostri poveri sudditi ragionerebbero male, se spogliassero nudo vostro nipote, e i nipoti dei vostri predecessori, e dicessero: «Le paludi che c'erano qui le abbiamo prosciugate noi. Questi bei palazzi sono stati costruiti sulle rovine delle nostre case. Vi pavoneggiate e fate le carogne coi nostri soldi; non rispettate nemmeno la miseria che avete provocato. Per piacere o per forza, noi abbiamo pagato le tasse al nostro paese, non a voi. E voi avete saccheggiato il paese. Adesso dovete restituir tutto. Eravate i più forti. Ma adesso i più forti siamo noi, e in più siamo dalla parte del giusto. Così ci riprendiamo tutto.»

Voi calpestate le ceneri di Camillo e Cincinnato. Voi recitate fasti teatrali nella città dove Scipione e Paolo Emilio celebravano trionfi veri. Credete in buona fede che sia così facile togliere la libertà al popolo più ardente, forte e accorto nel difenderla? Pensate di fare la controrivoluzione coi vostri santini? Pensate che in Francia 3 milioni di uomini armati per difendere mogli e figli abbiano paura di 2 o 300.000 venduti, agli ordini di pochi tiranni, che sono a loro volta agli ordini di ministri inetti e non capiscono niente? Infatti non capiscono né i tempi, né gli uomini, né le cose. Non si rendono conto che la dichiarazione dei diritti naturali dell'uomo è come una fortezza indistruttibile, perché i suoi baluardi sono natura, ragione, diritto e verità. Mai nessun saggio dell'antichità, Zoroastro o Confucio, Mosè o Buddha, Solone o Licurgo, Numa o Gesù, hanno proposto un codice morale semplice, naturale, vero, puro, sublime e convincente come questa dichiarazione.

Che spettacolo grandioso vedere la prima nazione d'Europa drizzarsi in tutta la sua statura e dire:

«Sono libera, e voglio che il genere umano sia libero. Popoli del mondo! Levatevi, scuotete le catene della credulità, dell'errore, della superstizione e del dispotismo! Diventate consapevoli dei vostri diritti e della vostra forza! È la ragione eterna, è la verità, è la natura, è Dio che vi parla. Diventiamo tutti fratelli. Sconfessiamo ogni odio e rivalità. Spegniamo per sempre le fiaccole della discordia, estirpiamone le cause. Non tolleriamo più che pochi prìncipi e nobili si prendano gioco dei popoli, li asserviscano, li opprimano e li depredino: periscano monarchia e nobiltà! Non tolleriamo più che una casta incolta, ingrassata per tanto tempo sulle nostre disgrazie, continui a ingannarci rinviando la nostra salvezza all'aldilà: perisca il clero! Noi abbiamo solo la felicità terrena, e possiamo ottenerla solo con le nostre virtù. Ed è virtù soltanto ciò che è utile ai nostri simili: dunque rendiamoci utili a vicenda.

«La natura ha predisposto le cose utili: terra fertile, latte, lana, pelli e carni degli animali. Coltiviamo dunque la terra, alleviamo greggi. La natura ci ha fatti diversi fra noi, di corpo e di spirito, per renderci utili e cari gli uni agli altri. Scambiamoci aiuto, amiamoci. La natura associa piacere alla sobrietà, dolore agli eccessi, pene e guai all'ingiustizia, delizia al buon comportamento. E allora siamo sobri, giusti e comportiamoci bene. Saremo sani, soddisfatti di noi stessi, stimati e amati dagli altri. Rendiamo felici gli altri per esserlo anche noi.

«E poi la natura ha fatto diversi i climi nel mondo e ha variato, in ciascuno, le qualità delle terre e dei prodotti, per rendere utili e cari i popoli gli uni agli altri, per legarli con lo scambio delle eccedenze dei loro consumi. Scambiamo dunque cordialmente e liberamente le merci: fraternizziamo.»

Questa è la morale universale, la sola che convenga a tutti e dappertutto. Essa costituisce il nerbo della dichiarazione dei diritti, che distrugge ineguaglianze arbitrarie e mostruose. Essa esaspera gli usurpatori di quei diritti, ma è come una carica d'esplosivo che, innescata dal fuoco stesso di chi vi resiste, farà saltare ogni catena.

Ma voi, santo padre, magari direte: se questi pretesi diritti dell'uomo sono naturali, ci sono sempre stati. E allora, perché han dovuto aspettare che li scoprissero i francesi? Prima nessuno ne sapeva niente. Se abbiamo potuto farne carne di porco per diciotto secoli, alla fine saranno caduti in prescrizione; i più forti continueremo a essere noi, come siamo sempre stati.

Vi rispondo.

1. Tutti i popoli civili conobbero i diritti naturali dell'uomo: lo attestano le opere degli antichi filosofi. Ma se ne parlava alla spicciolata, senza correlarli fra loro. I francesi sono stati i primi a raccoglierli in un sistema di filosofia naturale. Una volta reso esplicito, esso acquista un'evidenza incontrovertibile.

2. Gli antichi non possedevano l'arte della stampa, che tutto vede, tutto sente, e tutto mette a portata di tutti. Essa diffonde e perpetua la gloria dei filosofi come l'infamia dei

criminali. *Rerum tutissima custos.*

3. La dichiarazione dei diritti diventerà il catechismo dei popoli, e i francesi ne ripristineranno l'osservanza, anche se tutti i despoti temporali e clericali, insieme a tutti gli aristocratici, si mettessero d'accordo per promulgare ovunque una legge assurda e atroce come quella dell'imperatore d'Austria. È una legge che vieta ai sudditi i rapporti commerciali e l'invio di denaro in Francia, chiude le frontiere ai francesi e minaccia di trattarli da spie se si fanno vedere in giro. Il vecchio rimbecillito che l'ha proposta, ha indotto il suo padrone a firmare la propria condanna. È un vero invito all'insurrezione. Quando Francesco II vedrà le conseguenze, dovrà condannare Kaunitz per lesa maestà. D'altronde non basta vietare ai francesi di viaggiare in Austria. Bisogna vietare agli austriaci di viaggiare in Francia: altrimenti ritorneranno a casa francesi, col cuore colmo d'amore per la libertà e d'odio per la schiavitù e per i padroni di schiavi.

4. Ancor prima che la Francia avesse tempo di armarsi e fortificarsi, gli assalti della corruzione e del tradimento, più le forze combinate degli emigrati, della Prussia e dell'Austria, non sono riusciti a batterla. E voi, santo padre, che cosa credete di fare? Voi che d'ogni potenza al mondo siete la più meschina, armata solo di pie leggende? Vi siete compiaciuto di dire: «La rivoluzione francese è una febbre passeggera». Invece è il risultato di un'esperienza terribile e secolare. Rapine, estorsioni, mariolerie, fanatismo, insolenza e libertinaggio del clero. Scelleratezza arrogante, avida, smisurata e rovinosa dei nobili. Rapacità e iniquità dei parlamenti. Vessazioni spietate del fisco. Arbitrio e dilapidazione dei re, ministri e cortigiani. Disperazione d'un paese schiacciato sotto 700 milioni d'imposte, ridotto in miseria e schiavitù, minacciato d'una bancarotta di oltre 6 miliardi. Alla fine i francesi hanno ragionato, hanno misurato la propria forza, si sono resi conto dei propri diritti: questa è la rivoluzione francese.

Così è scoppiata la guerra dei diritti dell'uomo contro il

dispotismo; della filosofia contro i deliri dei preti; della libertà contro la schiavitù; della scienza contro l'ignoranza; della verità contro l'errore; della giustizia contro l'iniquità; della virtù contro crimini e vizi; di chi ama l'umanità contro chi la odia. Questa, santo padre, è la rivoluzione francese.

Per quattordici secoli questi tormenti hanno afflitto il più sensibile, affettuoso ed entusiasta dei popoli (e magari anche il più irritabile). È naturale che essi abbiano finito per scatenare una rivoluzione procellosa, perché è naturale che l'accumularsi degli abusi finisca per distruggere le condizioni che li rendevano possibili. Cessano le cause, e allora cessano anche gli effetti: *sublata causa tollitur effectus.*

La dichiarazione dei diritti, sostenuta da una legge costituzionale conforme e da un governo veramente democratico, rigenererà i popoli e li garantirà per sempre contro il ritorno dei mali attuali. Gli strumenti della rigenerazione saranno l'opposto degli strumenti dell'abuso.

La scuola. Al posto di quella superstiziosa e abbrutente, con cui i preti perpetuavano le bugie che gli facevano comodo, si avrà un'educazione civica e nazionale, realmente morale. Così i francesi e tutti i popoli formeranno cittadini liberi e virtuosi, e patrioti vigorosi.

Il governo. I re perpetuavano schiavitù, vizi e miserie dei popoli col governo tirannico, con leggi arbitrarie e oppressive; essi ricompensavano il vizio e punivano le virtù sociali. Col governo che protegge e promuove i diritti naturali, con leggi democratiche che vi si adeguano, i popoli ristabiliranno e perpetueranno l'ordine, le virtù, l'abbondanza, la felicità e la pace.

La scala dei meriti. I nobili spegnevano ogni spirito d'emulazione nelle altre classi sociali, perché s'impadronivano in esclusiva dei primi posti, degli onori, delle dignità e delle ricchezze. Sopprimere la nobiltà, destinare ogni premio al merito e alla capacità personale, farà ardere l'emulazione in tutti i cuori.

Infine, erano monarchi, preti e nobili che seminavano e coltivavano tutti i mali sulla terra. Crimini e orrori scompariranno con quell'abominevole trinità.

Tanto dovrebbe bastarvi, santo padre, per capire che la rivoluzione incominciata in Francia il 14 luglio 1789 e conclusa il 10 agosto scorso è solo un inizio. Gli altri popoli seguiranno la stessa strada. È una situazione straordinaria, che fa saltare tutti i vecchi schemi; è follia pensare che si risolva con qualche minuscolo successo militare. L'effetto di questo accanirsi di re, nobili e preti contro la nazione più numerosa, più forte e più focosa d'Europa, è che la focosità raggiunge il parossismo, non si fermerà finché non avrà schiacciato gli avversari, consoliderà la rivoluzione, l'esporterà dappertutto, finché gli altri popoli non avranno raso al suolo il dispotismo dappertutto.

Sarebbe stato prudente tener la bocca chiusa, non offrir megafoni alla rivoluzione francese e lasciarla bollire nel suo brodo. Sarebbe stato meglio reprimere gli abusi in casa propria, smettere le spese inutili, tenere i funzionari sotto controllo, darsi una regolata per migliorare il livello della giustizia; rendersi conto che un re è solo un amministratore, e non un padrone assoluto.

Se poi i despoti sono troppo superbi, troppo ignoranti, troppo succubi di ministri, cortigiani e preti, per osare riforme che li rimettano in corsa - be', peggio per loro: che la paghino, senza farla tanto lunga.

Mi ripeto: è sorto in Francia il nuovo sole, che illuminerà e riscalderà tutta la terra. È proprio il sole, secondo le leggi di natura. Voglio vedere chi riuscirà a spegnere il sole.

Una volta ch'ero a Roma, sentii vantare la lungimiranza di Gregorio VII, di Giulio II, di Sisto V, e più che mai di Bonifacio VIII, autore della celebre bolla *Unam ecclesiam*. Secondo me, santo padre, quelli là hanno scavato la fossa al papato. Ecco perché.

Per qualche secolo quei papi sono riusciti a conferire un

potere contro natura alla sede di Roma. I loro successori ne hanno approfittato per diffondere l'ignoranza e la superstizione. I preti, imbaldanziti da questi successi, si son lasciati andare a ogni eccesso. Ma gli eccessi hanno irritato chi non si lasciava imbrogliare e voleva far luce sulle bugie e sui crimini dei papi. La luce s'è diffusa, con l'aiuto delle guerre di religione e della stampa. S'è visto che papi e preti erano ricchi e potenti perché erano lestofanti: s'erano impadroniti delle scuole per tenere la gente nell'ignoranza e nell'errore. Si esaminarono i dogmi, e si vide che erano balle; si esaminò la storia sacra, e si vide che erano favole. Allora venne la riforma, che restrinse parecchio l'ambito del dominio papale. La chiesa perse terreno, e avrebbe dovuto capire che ne avrebbe perso dell'altro, se continuava a sragionare.

Se non si ha colpo d'occhio politico sul passato, sul presente e sulle prospettive future, non si è capaci di governare. La maggior parte dei papi venuti dopo la riforma non ne avevano.

Se avessero capito il peso della riforma, se avessero tenuto d'occhio i progressi della scienza e l'evoluzione dell'opinione pubblica, avrebbero aggiustato prudentemente la loro autorità spirituale e temporale. Avrebbero potuto lasciar cadere le pretese stravaganti, rinunciare all'intolleranza e scegliere strade pacifiche. Avrebbero potuto badare al lustro e ai soldi, come Benedetto XIV, senza far troppo i teologi. Allora si sarebbero fatti stimare dai sudditi papalini e dagli stranieri, e avrebbero allungato di qualche secolo il loro potere. Ma quasi tutti i vostri predecessori, santo padre, non capivano niente del passato e del futuro, e non badavano dove soffiava il vento - il quale gli soffiava contro. Questi preti hanno continuato a predicare ignoranza, superstizione, brigantaggio e brutalità. Hanno continuato a torchiare la gente, e a sbattergli in faccia un lusso sontuoso e ogni sorta di porcherie. Se il papato esiste ancora, è solo perché la gente tarda ad aprir gli occhi sui propri diritti e sulla propria forza. Si vede che era riservato a voi di mandare a gambe all'aria questa cattedra di San Babbeo, dove vi hanno inculato i vizi più vergognosi, e dove avete mostrato quanto siete fatuo, ignorante, presuntuoso e nepotista sfacciato.

Vi ricordate, santo padre, quante stupidaggini diceste, quando volevate far ritrattare il canonista Febronio? Scriveste a Vienna parecchie delle più incredibili balle medievali, che piacevano tanto ai vostri predecessori dei secoli bui. Ci metteste tutta la bestialità e la frode clericale di cui eravate capace, e che cosa ne ricavaste? Maria Teresa vi mandò a farvi benedire, e respinse le vostre censure. Alla sua morte vi vendicaste rifiutandole gli onori funebri d'uso; ma Giuseppe II vi castigò dignitosamente, spazzando via dai suoi stati le principali usurpazioni papali. Ma voi, santo padre, vi sentivate forte perché avete la lingua lunga, e ciaccolaste a perdifiato per far revocare i rescritti imperiali. Chi conosceva Vienna, l'imperatore e i suoi ministri vi sconsigliò di andare a metterci il becco. Ma voi, senza dar retta, vi metteste in viaggio, e offriste a italiani e tedeschi lo spettacolo girovago di un santo padre che bestemmiava come un carrettiere, s'incazzava come un caporale crucco, e poi impartiva benedizioni e porgeva intorno il piattello come un vecchio guitto.

Quando entraste in territorio tedesco, l'imperatore vi prese per i fondelli e propose di darvi il cambio per farvi riposare, distribuendo lui qualche benedizione al posto vostro. Infatti lo fece sghignazzando.

A corte vi ricevette Kaunitz, quel furbastro dal naso ritto. Voi gli porgeste la mano da baciare, e lui vi fece lo *shake-hands.* Come dire che non gli fregava niente della vostra supposta santità.

L'imperatore si stufò degli stupidi contadini che abbandonavano a frotte il lavoro per venire a riverirvi. Allora annunciò che tutti i giorni avreste dispensato le vostre indulgenze buffonesche a un'ora fissa, e un colpo di cannone l'avrebbe annunciata. Che nessuno si allontanasse dalle sue occupazioni; se proprio ci tenevano, piegassero il culo davanti al colpo di cannone.

Quando cercavate di parlar d'affari, l'imperatore e i ministri rispondevano che non avevano niente da dirvi; e aggiungevano sarcasmi piuttosto pesanti e difficili da digerire. Tanto che vi riduceste all'unico ruolo in cui vi trovate a vostro agio: fare il pavone in chiesa e in società, per i poveri fessi; far vedere alle donne come siete bello, che belle mani, che belle gambe, quant'è carino il nostro papa. Ne siete tanto fiero, e del resto ne cavate il vostro tornaconto.

Una volta, santo padre, vi ho visto mentre vi portavano sulla sedia gestatoria: che figurino, fra quelle guardie svizzere tutte colorate, quei cavalleggeri coperti d'armature scintillanti! Giuro che le femmine adoravano voi; altro che l'ostia, sia o non sia il corpo di Cristo!

Vi ho sentito, santità, arrabbiarvi e dare del coglione a un cardinale perché, mentre vi metteva la tiara in testa, vi scompigliava un po' i capelli. Che risate! Vi ho visto sfoggiare la vostra bravura sul santo teatrino. Un giorno di Pasqua vi ho visto trinciare gran benedizioni dalla finestra sul sagrato di San Pietro: ce n'era per le quattro parti del mondo, che neanche se n'accorgevano. I vostri costumisti vi drappeggiavano in modo da sembrare inginocchiato; invece voi stavate seduto bello comodo.

Devo ammettere una cosa: non ho mai visto in piazza nessun ciarlatano della vostra levatura. Credo che, in fatto di pantomime, vi lasciate indietro tutti gli attori di Parigi e di Londra, e probabilmente anche gli antichi greci, che pure le pantomime le inventarono.

Da Vienna ve ne doveste andare senza aver cavato un ragno dal buco. Quell'ignorante superstizioso dell'elettore di Baviera vi accolse con ogni riguardo. Ma fu l'unico risarcimento in tutto il viaggio, perché quando passaste da Venezia vi trattarono a pesci in faccia, come quella repubblica ha sempre fatto con i papi, anche quando erano onnipotenti.

Tante umiliazioni, che vi eravate andato a cercare in quello strambo viaggio, avrebbero dovuto convincervi che ormai preti e papi hanno fatto il loro tempo. Avreste dovuto tirare le somme: per tener su la baracca ci vuole tanta prudenza, bisogna evitarle ogni trabalzone. Ma voi no, povero cervellino. Qualche tempo dopo, un concilio di prelati tedeschi emanò energici decreti per limitare l'autorità papale, e voi faceste la sciocchezza di scrivere una lunga lettera di rimostranze, e vi azzardaste a citare l'autorità della Sorbona. A quanto pare, santità, non sapete che un erudito tedesco spacca il capello in quattro come nessuno al mondo, e non mette virgola senza ammucchiare un'incredibile quantità di referenze autorevoli. Infatti quei dottoroni vi fecero passare da dilettante, e vi seppellirono sotto una valanga di atti della Sorbona che riducevano in polvere tutta l'autorità della santa sede.

Poi ve la prendeste col sinodo di Pistoia e col suo dotto vescovo. Quando mi trovavo a Roma, gli spediste una lettera piena di fanfaluche e d'insulti grossolani. Ho sotto gli occhi la risposta che vi scrisse monsignor Ricci; la vostra lettera trasuda ignoranza e presunzione; la risposta è scritta da chi sa cosa dice.

Se aveste un po' di dignità, tante mortificazioni vi avrebbero fatto morir di crepacuore. Ma voi, per consolarvi, vi siete dato alla delinquenza. Con un processo truccato avete rapinato la signora Lepri e i suoi figli del loro patrimonio, per darlo a vostro nipote. Avete finto di promettere il cardinalato a un vecchio pretaccio perverso, per scroccargli un testamento infame in cui toglieva la successione alla cognata e alla nipote.

Siete un bell'impudente, santo padre, a erigervi a difensore della religione e della morale! Ogni vostro comportamento pubblico e privato mostra che siete un ateo senza scrupoli. Sappiamo bene come siete diventato monsignore col cardinal Ruffo, tesoriere coll'amante del cardinal Rezzonico, e così via. In questo assomigliate a Giulio Cesare: siete andato a letto con tutti i mariti e con tutte le mogli.

I vostri strilli ipocriti contro le riforme della chiesa francese sono dovuti alla fifa di vedere i preti costretti a mollare il bottino, di sentire il vostro soglio - onta e obbrobrio dell'umanità - mancarvi sotto le chiappe. Gli è che perdete le annate, le dispense, le indulgenze; e il clero francese non vi dà più retta; e addio contea d'Avignone.

Lasciamo perdere il resto. Quanto ad Avignone, santità, 1. era intollerabile che un prete straniero fosse proprietario di un principato sovrano chiuso dentro il territorio francese. 2. La contessa di Provenza ve l'aveva ceduto senza il consenso della nazione e del re. 3. La cessione era frutto di un'estorsione: la chiesa romana rifiutava altrimenti di assolvere la proprietaria dai suoi orribili delitti. Inoltre la chiesa promise un corrispettivo in denaro, ma non lo pagò. 4. I popoli hanno il diritto inalienabile e imprescrittibile di cambiar forma di governo quando vogliono. 5. Del resto la nazione francese vi avrebbe risarcito adeguatamente, se foste stato ragionevole e non aveste starnazzato come una gallina. Adesso nessuno vi deve più niente.

Mi scrivono da Roma che state preparando altre bolle contro i francesi. Ci divertiremo. Fate bene a rifornirci di nuovo materiale per il palcoscenico. Sono tre anni che qui si recitano farse su cerimonie, ciarlatanerie e misfatti di questi preti scemi e bricconi; alla lunga, si rischia di ripetersi.

Ma forse sarebbe meglio per voi che lasciaste perdere i casi di Francia. Vi hanno già provocato un attacco di paralisi; addirittura, mi dicono, vi han fatto venire la bocca storta, e questo vi ha ridotto alla disperazione fino a farvi dare i numeri. Ma è proprio vero? È vero che una volta, mentre davate i numeri, avete nominato *in pectore* l'abate Maury nunzio a Francoforte? Altri dicono che avete fatto questo sgarbo ai vostri italiani, perché non c'era fra loro uno sporcaccione come quello, un cialtrone così disinvolto, un tale don Fo-tutt'io. Però, se le cose sono andate in questo modo, vi siete sbagliato: non è vero che vi manchi la scelta. Se invece pensate che quell'intrepido ateo vi aiuti contro la rivoluzione francese, vi sbagliate di grosso. I francesi sono convinti che difenderà la vostra causa come ha difeso quella del clero francese, mandandola a remengo. D'altronde qui si ha un'idea precisa dei risultati che può dare il cinismo di quell'uomo, in Germania come in Italia.

Credetemi, santo padre, non è più tempo di far cazzate. Voi e le vostre pecorelle fareste bene a star zitti, in materia di Francia. I francesi pèrdono facilmente la pazienza: potrebbero capitare dalle vostre parti, prendere per il collo i vostri cantori della Cappella Sistina e fargli cantare la Marsigliese; il ritornello in coro sareste costretto a cantarlo anche voi. Vi sembrerà una smargiassata, ma potrebbe diventare una cosa seria. Ecco perché.

1. In Francia la monarchia è caduta una volta per tutte. Il paese è una repubblica indivisibile. I corpi amministrativi e l'esercito sono stati epurati. Tutti marciano uniti, e il patriottismo impera.

2. L'armata del re di Prussia - distrutta da battaglie, diserzioni, catture di prigionieri, fame e malattie - ha sgombrato il territorio francese. Quel re, mentre si levava di torno, si è lamentato con i fratelli di Luigi XVI di averlo imbrogliato, e d'averlo esposto a questa bella accoglienza. L'armata dell'imperatore perde ogni giorno qualche penna nello stesso modo. Gli emigrati son ridotti in miseria. I francesi, all'inseguimento dei fuggiaschi, hanno già occupato Spira e Worms; adesso libereranno gli elettorati ecclesiastici, il Palatinato, il Brabante e la Brisgovia.

3. La prossima primavera i francesi disporranno di 8 armate di 100.000 uomini ciascuna: 2 alle frontiere meridionali, 5 a settentrione, una a presidiare l'interno del paese. Aggiungete 40 vascelli sull'oceano, e altrettanti nel Mediterraneo.

4. Nel porto di Nizza sono pronti 14 vascelli e un'armata di 100.000 uomini per forzare le porte d'Italia. Oltre a Nizza,

i francesi hanno in mano la Savoia e contano di prendere la Sardegna. Quando saranno entrati in Piemonte, chi li fermerà?

5. Con questi mezzi, se ai francesi venisse voglia di dire una parolina ai vostri sudditi sui vostri misfatti, su come amministrate il santo fisco, sul brigantaggio della camera apostolica; e dare qualche schiarimento sui loro diritti, su cosa possono fare colle loro mani; se gli proponessero di liberarli... Io conosco quella gente, santo padre. I preti hanno fatto del loro meglio per ridurli come bestie, ma non è detto che il seme degli antichi romani non esista più. Son sicuro che accoglierebbero i francesi a braccia aperte. E allora, che ne sarebbe di voi?

Sono circostanze che meritano un pensiero, santità. Se sfogliate i numeri del *Moniteur universel* dell'ultima estate, ci troverete le lettere che avevo scritto al re di Prussia e al duca di Brunswick. Loro adesso si mordono le mani, per non avermi dato retta. Ma voi, se volete diventare un grand'uomo, dovete fare come vi dico.

Riunite tutta la gente che abita negli stati pontifici, santità, alzatevi in piedi e fategli questo discorso:

«Cari discendenti del più gran popolo del mondo, per troppo tempo la vostra patria è stata desolata dalle imposture. Ma il gran giorno è arrivato: ora vi dirò la verità. Ascoltatemi bene.

«I miei predecessori vi hanno mentito per interesse e per ambizione. Sono diventati potenti a spese della vostra credulità, con la superstizione, l'astuzia e la violenza; con favole raccontate per corrompervi il cuore e la mente. Anche guerrieri e re sono stati corrotti nello stesso modo, per fare il comodo dei papi.

«Diciotto secoli d'imposture. Vi hanno spogliato di tutto per arricchire sé stessi. All'inizio i papi erano poveri; adesso non sanno più dove nascondere i soldi. Erano umili; adesso schiattano di superbia. Si dicevano servi dei servi di Dio; adesso son padroni persino di Dio. Leggete la storia, e vedrete quanto sangue è costato il loro potere. E voi pensavate che fossero ministri d'un dio d'amore! Guardate quanta furbizia e violenza hanno usato per togliervi il pane e arricchire i loro parenti. Saranno ministri d'un dio giusto? Si rotolano nel fango. Saranno ministri d'un dio puro?

«Aprite gli occhi. Come avete potuto credere a un dio-uomo? Un dio nato da donna senza intervento maschile, che da piccolo avrà fatto il morbillo. Poi lo impiccarono in piazza. Lui si lasciò seppellire e seduta stante risuscitò, senza che nessun cronista dell'epoca si accorgesse di uno scoop così ghiotto. Come potete credere che un lazzarone qualsiasi si possa fabbricare ogni mattina un dio con una cialda, per mangiarselo e cacarlo? Ma allora le fogne di Roma sono piene di dèi?

«Come potete credere in un dio eterno e immutabile, che cambia tre volte al giorno le leggi dell'universo, se fa comodo a un parente del papa? E non vi è mai venuto il sospetto che i vostri preti fossero in malafede, quando li vedevate abusare del candore dell'infanzia per inculcarle assurdità? Quando vi vietavano di ragionare persino sulla salvezza dell'anima vostra, che secondo loro sarebbe il cuore della faccenda? Vuol dire che la loro religione non sopportava nessun esame razionale: era roba per mentecatti.

«Popoli miei, adesso ve la dico tutta: misteri, dogmi e miracoli, erano tutte balle. Lasciate perdere quella roba, tornate a essere persone normali. Fate l'esame di coscienza per stabilire che cosa vi spetta: siate liberi e sovrani. Siete voi che fate le leggi: mettete in piedi una repubblica romana come si deve. Ma state attenti a prevenire vizi e abusi che distrussero la vecchia repubblica: niente patrizi, né cavalieri, né cardinali, né monsignori, né vescovi, né preti, né monaci, né suore, né damasse. Solo cittadini, e basta. I francesi possono darvi dei buoni consigli. Svuotate le casse delle chiese, e impiegate i soldi per la pubblica utilità. Ai religiosi di entrambi i sessi, se sono troppo vecchi o malati, dategli una pensioncina. Date terre e rendite a quelli che metton su famiglia. Abbiate ogni cura dei vostri splendidi monumenti antichi e moderni, perché attirano i turisti e gli fanno spendere tanti soldi. Avete un paese fertile, un clima dolce, un cielo sereno: che cosa volete di più? Tornerete a essere ricchi e felici. Roma può ridiventare santa per virtù sociali.

«Vi restituisco la tiara, e spero che i miei preti seguano il buon esempio. Perdonatemi: vi ho tenuto fino a oggi in miseria a suon di frottole. Scusatemi perché mi pento, e perché mi arrabatto per aprirvi gli occhi. Se non vi dà troppo incomodo, potreste tenermi a fare il presidente di qualche giunta; state tranquilli che sarò rispettosissimo di qualsiasi legge.»

Santo padre, vi sembrerà una soluzione poco ortodossa; ma vi assicuro che è la migliore, anzi la sola che può toglervi dai guai in cui siete andato a ficcarvi per insipienza. Se ne avete il coraggio, i vostri sudditi potrebbero darvi retta e dimenticare tutti gl'insulti ai poveri che avete fatto finora. Se non lo avete, la gente farà giustizia, e voi finirete spiaccicato con tutti i vostri scherani.

Al re di Napoli

1 novembre 1792

Sire,

è vero quel che si dice? Che vostra maestà vuole intervenire di persona col suo esercito contro i francesi, per soccorrere il cognato Luigi XVI e il collega Vittorio Amedeo, e per accontentare l'altro cognato Francesco II?

So che siete coraggioso, sire. Se i vostri soldati mercenari dovessero affrontarne altri della stessa stoffa, seguendo il vostro esempio, penso che vi darebbero delle soddisfazioni.

Ma qui il caso è diverso. I soldati francesi sono maledettamente politicizzati, difendono sé stessi e i propri averi, tutto ciò che possiedono al mondo. Pensate: fino a qualche mese fa erano disorganizzati; il re, i generali e i governatori delle piazzeforti non chiedevano di meglio che tradirli; eppure loro riuscirono a battere le migliori truppe d'Europa, e buttarono fuori dal loro paese prussiani, austriaci ed emigrati. Figuratevi come si batteranno ora, che hanno in mano la Savoia, Nizza e parecchie città tedesche e olandesi.

Eppoi avrete a che fare con un buon quarto della popolazione d'Europa, che s'è levato in armi, non per spirito d'avventura, ma per difendere la libertà. Temo che sia un bel rischio mettersi contro gente come quella. Potreste trovarvi nei guai. Invece che trionfi, ne potreste ricavare funerali, come è successo ai re di Prussia e di Sardegna, all'imperatore, al duca di Brunswick. E potrebbe andarvi peggio: invece di tener lontano lo spirito rivoluzionario dai vostri stati, ve lo potreste tirare in casa.

Questo tic antifrancese, che affligge i membri della lega, in voi non è nato spontaneo. Ve l'ha inoculato la corte di Vienna, attraverso diplomatici, cortigiani, ministri e preti. Vi hanno fatto una testa così sulla rivoluzione francese e su come soffocarla. Il fatto è che i vostri suggeritori sono fortemente interessati, perché temono a ragione di fare prima o poi la stessa fine degli emigrati francesi. Sono troppo ignoranti per apprezzare la forza della verità, o per rendersi conto che un esercito di cittadini è superiore a qualunque esercito di schiavi. E sono tanto stupidi da immaginarsi che 200.000 lacchè siano più che sufficienti per rimettere tutto a posto. Eccola qua, la convenzione di Pillnitz.

I re coalizzati contano sulla legge del più forte, e credono di essere i più forti. Ma la forza dei re consiste tutta nei soldi e negli sforzi che spremono dai sudditi, e il loro obiettivo è di continuare a spremere indisturbati. Che ne sarà di loro, quando i sudditi se ne accorgeranno? E quando i re si troveranno in casa la rivoluzione francese, non si dovrà dire che se la sono andata a cercare?

La prima a cadere nel pozzo sarà probabilmente la casa d'Austria, col suo isterismo sanguinario. Non fosse per colpa sua, le cose in Europa sarebbero cambiate in tempi più lunghi, per pacifica evoluzione invece che per tempestosa rivoluzione.

Diciamo la verità, sire: molti re hanno paura che cada la monarchia, perché non pensano che vitaccia gli fa fare. Con la scusa che sono 'sua maestà', sono condannati a restar sempre bambini. Non possono avere un amico. Nessuno gli dice mai la verità. Vivono perpetuamente al centro di un balletto di furbacchioni, che intrigano, adulano, mentono e sgraffignano, ciascuno per i fatti propri. Per far bene hanno le mani legate: sono liberi solo di far male. Non sono incriminabili: perciò chi gli sta vicino commette ogni delitto a loro nome e se la passa liscia, ma li rende odiosi. Milioni di uomini sono vittime innocenti di pochi delinquenti cortigiani. Invece sotto il manto del re c'è un automa, che siede nel consiglio per firmare qualsiasi cosa alla cieca, e si asside sul trono per fare i gesti prescritti e ripetere le solite frasi, che gli mette in bocca qualcun altro.

I re si danno bel tempo, ma sono in carica solo per la forma. In realtà sono schiavi e prestanome dei cortigiani e dei ministri. Alla fine, quando il popolo non ne può più e perde le staffe, se la prende con loro. Non è un bel quadro, sire, ma dovete ammettere che è verace.

Non fosse che la rivoluzione è sanguinosa, se si potesse abolire pacificamente la monarchia, i re avrebbero ben poco da perdere: solo un titolo scomodo e vano. A perderci nella sostanza sarebbero cortigiani e ministri.

Eppure i re sono tanto presuntuosi da difendere il modello teorico del potere assoluto: fa le leggi che vuole, non ha limiti di spesa, non è soggetto a opposizioni, non rende conto a nessuno, si trasmette ai figli. Invece i popoli evoluti, oggi, hanno in mente un modello tutto diverso: un capo intelligente, attivo, onesto, che risponde di quello che fa, viene eletto e si può rimuovere. Il potere assoluto non lo vuole più nessuno.

Per adeguarsi alla domanda del mercato, i re devono per prima cosa sbarazzarsi dei loro attuali cattivi consiglieri. Non solo perché sono in malafede, ma anche perché sono bestie ignoranti: non hanno la minima nozione dell'arte di governare. Per convincervi, sire, vi farò un quadretto di cosa sanno e come si comportano cortigiani, ministri e diplomatici.

Incominciamo dalle scienze in cui si addottorano cortigiani e ministri. Primo: conoscer bene i punti deboli del padrone, per abusarne. Blandirlo, coltivare i suoi vizi se ne ha, fargliene venire se non ne ha. Stimolarlo a spendere senza freno. Dargli il gusto dei passatempi più costosi, che fanno perdere più tempo e familiarizzano col sangue e la crudeltà, come la caccia e la pesca. Quella gente mostra talento quando è brava a seminar zizzania dentro la famiglia reale. A corte ci devono essere due partiti ostili, fra cui i familiari del re vanno tenuti divisi, perché - qualunque cosa accada - si possa sempre contare sul sostegno di metà di loro. La perpetua discordia della famiglia reale viene alimentata con cabale e sceneggiate. I cortigiani e le mogli vi recitano ciascuno la sua parte, e vi giocano il loro credito e le loro ambizioni. Caccia, pesca e buffonate, per il re. Il controllo della situazione, per ministri e cortigiani.

Secondo: la scienza del protocollo. Quei signori si comportano e parlano con una speciale burbanza. Hanno un gran repertorio parlato e scritto di frasi dignitosamente insignificanti, con cui rispondere a tutto e tutti senza compromettersi. Si comprano dei sostenitori. Detestano chi guarda cosa accade, pensa con la sua testa e ama il suo paese. Infiltrano spie dappertutto, per individuare quei pericolosi sovversivi. Architettano e gestiscono monopoli e società commerciali dedite all'aggiotaggio. Sono i sacerdoti del sistema fiscale: la tasse vanno ripartite e riscosse in modo arbitrario, e il gettito dev'essere impossibile da determinare, in modo che non si possano dimostrare le loro ruberie. Branche e uffici della pubblica amministrazione devono moltiplicarsi senza fine, e i processi decisionali devono seguire percorsi ingarbugliati e indecifrabili, in modo da nascondere quanto ciascuno di loro è ottuso e delinquente. Chi cercasse di criticarli con nome e cognome, troverebbe filo da torcere. Questi sono il know-how e la linea di condotta di cortigiani e ministri.

Quanto a quei furfanti di diplomatici, hanno il medesimo interesse a manipolarvi. Di affari francesi non sanno altro che le fole raccontate dai loro confratelli emigrati, e leggono i giornaletti scandalistici che il governo austriaco stampa e diffonde ad alta tiratura. Del resto al giorno d'oggi succedono troppe novità insolite: il loro scarso comprendonio non ci arriva. La diplomazia non ha cervello: è uno sformato di spocchia, spionaggio, intrigo, dissimulazione e stronzate ribalde.

In sostanza l'arte dei negoziati è scrivere trattati che si

possano leggere ogni volta come fa comodo, e rompere quando si vuole. I trattati diplomatici son fatti apposta per scatenare guerre, come i contratti notarili per scatenare liti.

Aggiungete che i diplomatici (come i re) sono persuasi che una morale naturale universale non esista. Per loro conta solo la legge del più forte: uomini e nazioni non hanno diritti, e loro non si sognerebbero mai di tenerne conto nella loro attività. Salvo che si tratti di materia commerciale: perché lì si possono piazzare tagliole, rubare parecchio e fare guerre doganali.

Vi ho riassunto tutta la scienza diplomatica. Federico il Grande aveva i suoi motivi di manifestare il più profondo disprezzo degli stregoni diplomatici e delle loro finezze.

Con questi bei consiglieri e gestori, vedete voi come può essere governata l'Europa. I popoli sono controllati con la menzogna e la paura. Perché non si ribellino, i preti s'incaricano di avvelenarli fin dall'infanzia con le superstizioni, e i nobili guerrieri di tenerli buoni a fucilate. Questa è tutta l'arte di regnare.

Ogni istante della vita dei sovrani è insozzato dai delitti impuniti che i loro mandatari commettono a loro nome. Carlo I d'Inghilterra li pagò con la testa. Le colonie americane si liberarono dal rapace dispotismo inglese. Gli svizzeri si sbarazzarono della tirannica dominazione austriaca. La monarchia francese è caduta in modo analogo. E cadranno, prima o poi, tutti i sovrani che si ostineranno a imitare Luigi XVI.

Vorrei tenervi lontano, sire, dall'alleanza antifrancese, perché rischia di far insorgere il vostro misero popolo. Credo di potervi dare buoni consigli: ho viaggiato in lungo e in largo nei vostri stati, ho abitato a lungo a Napoli, vi ho visto a corte. Ho studiato voi, la regina, i ministri e il popolo. Conosco i vostri problemi e la situazione dei vostri affari.

Come referenze per valutare se potete fidarvi di me, dovreste leggere nel *Moniteur Universel* (numeri del 15 luglio, 4 e 20 agosto, 1 e 30 ottobre) le lettere che ho inviato al re di Prussia, al duca di Brunswick, al re di Sardegna e al papa. Vostra maestà potrà constatare che avevo fatto predizioni molto precise, e si sono tutte avverate.

Non ripeterò quanto potete leggere in quelle lettere sulle vere cause della rivoluzione francese. Vorrei intrattenervi sui vostri interessi più urgenti: la congiura, contro voi e la vostra famiglia, della vostra malvagia moglie con lo scellerato Acton, e come neutralizzarla. I difetti del vostro governo, e come riformarlo. Le condizioni pietose della vostra flotta, e come rimetterla in sesto. La disgustosa corruzione e superstizione dei vostri sudditi, e come renderli persone decenti.

Il mio zelo per voi è dovuto alla convinzione che avete buone doti e siete una persona onesta; e che gli sforzi del vostro ambiente per distruggere tutto ciò, non hanno avuto successo. Voi stesso vedrete qua e là quanto vi stimo. Cercherò dunque di fare tre cose: aiutarvi coi consigli, mettervi davanti uno specchio dei vostri difetti, e con altrettanta franchezza riconoscere le buone qualità.

So che siete venuto su come una bestiola selvatica, senza andare a scuola. Complimenti! L'educazione degli eredi al trono, negli stati cattolici, è affidata ai più pericolosi marpioni, nobili e preti; ed è fatta apposta per inculcargli tutti i vizi e tenergli nascosto quel che dovrebbero imparare. La regina, i cortigiani e i ministri non si sentono tranquilli sul vostro conto: mostrate una pericolosa propensione a mettere il naso in questioni di giustizia, e applicate troppo buon senso. Perciò si son dati da fare per mandarvi a caccia e a pesca, dove perdete nove decimi del vostro tempo. Certo, siete ignorante e inesperto. Ma a paragone del vostro collega spagnolo, siete semplicemente un genio. Siete più sensato di vostro cognato a Vienna. Non siete zuccone e amatore delle patacche come il collega torinese. E poi avete una qualità rarissima: non vi fidate troppo di voi stesso, fate domande e sapete ascoltare. Fra tanti ragionamenti che vi vengono esposti, sapete scegliere il migliore. Quando vi è capitato di prendere in mano le redini del governo, ve la siete cavata bene. Senza istruzione, a forza di buon senso, siete arrivato dove altri arrivano con lo studio e l'esperienza. Il vostro carattere è retto e risoluto. Le circostanze in cui avete agito bene fanno presagire tante altre possibilità. Quella che vi manca è la determinazione di rinunciare alle frivolezze, e la ferma decisione di regnare in prima persona.

Mi ricordo che una volta, a Firenze, mentre Leopoldo vi faceva la lezione sull'arte di regnare, voi chiedeste: «Quanti napoletani sono venuti a vivere nella tua Toscana, così ben governata?» Lui rispose: «Pochini.» E voi: «Be', invece da me ci sono toscani a migliaia.»

La vostra battuta era brillante, ma non troppo consistente. Avreste torto a dedurne che i vostri stati siano governati meglio della Toscana. La terra toscana non è troppo fertile; benché non se ne sprechi un pollice, il prodotto non basta a sfamare la popolazione e la costringe a emigrare. Nelle due Sicilie invece la terra è mal coltivata, ma è talmente fertile che potrebbe nutrire una popolazione doppia. Inoltre i napoletani sono rozzi e non hanno talenti da esportare in altri paesi. Invece i toscani, vivaci e intelligenti, se la cavano bene dovunque.

Sarà più utile ricordare la lezione che deste a Giuseppe II sulla sua smania di novità. Gli diceste: «Hai cambiato tutto, dalle tue parti. Ai tuoi sudditi vuoi insegnare di tutto. Vorresti cambiare il sole e la luna. Ma allora, come mai tutto ti va storto? Non s'è mai vista tanta miseria come da quando sei sul trono; la popolazione diminuisce a vista d'occhio. Io, prima di cambiare le cose, voglio essere sicuro di migliorarle; altrimenti preferisco lasciarle come stanno. Però sia chiaro: se mi facessero proposte valide e me le dimostrassero, sarei felicissimo di realizzarle.»

Sono parole d'un saggio. Parla una mente retta e un cuore buono, entrambi disposti ad ascoltare la verità e ad accettarla.

Molto bene. Adesso ve la dico io, la verità.

Per prima cosa, sappiate che non riuscirete a evitare una tremenda rivoluzione in casa vostra, se continuate a sostenere gl'interessi di Luigi XVI e della casa d'Austria, e se non introducete le riforme indispensabili nel vostro governo. Ma non riuscirete a combinar niente, se restate nelle grinfie di quell'austriaca che vi fa da moglie: lei pensa solo agl'interessi della sua famiglia, e detesta la vostra. Del resto i napoletani odiano lei e il generale Acton. Per salvarvi, dovete far rinchiudere la regina, oppure rispedirla a Vienna sotto buona scorta; Acton, impiccatelo. Non c'è altro modo per voi di salvare la pelle e di conquistare la fiducia dei napoletani; senza la quale non potreste realizzare le riforme che occorrono a voi e a loro.

Nell'antichità, l'imperatore Claudio era il solo in tutta Roma a non saper nulla delle birichinate di Messalina. Non è il vostro caso. Ricordo un cortigiano che si doleva con voi del libertinaggio della regina, e voi gli deste una risposta spiritosa: «Lasciatela fare, gl'incroci migliorano la razza.» Ma forse non sapete che cosa fa quella sudiciona col suo amato Acton: fanno giochini fra specchi e veli ti-vedo-non-ti-vedo, si guardano il sesso in azione, imitano checche e lesbiche eccetera.

Voi che non avete studiato, pensate che la regina sia un mostro di cultura. Lei in realtà borbotta luoghi comuni di storia, filosofia e medicina, e sa cavarne solo stupidaggini. È una pedante che ha letto quattro libri senza capirci niente. È più ignorante di voi, senza talento e senza virtù. Rendetevene conto. Fate attenzione, quando chiacchiera fitto fitto, come salta di palo in frasca senza nesso e senza costrutto. Combinare tre idee che stiano insieme, è un'impresa che va oltre le sue capacità.

Ricordate quando morì l'erede al trono, nel 1788. Celebrità mediche erano riunite a consulto nella camera del moribondo. Quella bestia presuntuosa e matrigna volle andare a insegnargli come stavano le cose. A questo scopo recitò, a sproposito, certe frasi del manualetto di medicina popolare del dottor Tissot, che aveva imparato a memoria.

Se quella donna fosse solo una vacca saccente, basterebbe ridere di lei, e non varrebbe la pena di parlarne. Ma rendetevi conto che getta il sangue del popolo dietro alle sue lesbiche e ai suoi amanti: sta rovinando il paese, come fece in Francia sua sorella Maria Antonietta. E poi vi odia, non sogna altro che di portare il vostro regno sotto la dominazione austriaca. Perciò ha fatto del suo meglio per far morire i suoi figli maschi e conservare solo le figlie. Se non lo sapete, sire, siete il solo in tutta Napoli. Perciò quella regina scellerata è esecrata dai sudditi, che l'accusano di tutte le loro disgrazie. Non ameranno neanche voi, se non vi sbarazzate di quella donnaccia, di Acton e dei ministri e favoriti che gli tengono bordone.

Non mancano certo nella storia i casi di sovrani cornuti, ma gloriosi; però non permettevano alla moglie infedele d'immischiarsi negli affari. E voi come sopportate che Maria Carolina regni al vostro posto? Non è voler male ai napoletani? Non è correre alla rovina? Vergogna, che quella megera presieda il consiglio di stato, mentre voi fate guerra ai leprotti e ai pesci! Poi vendete il ricavato delle vostre imprese bellicose alle pescivendole, ascoltate le loro volgarità, rispondete in dialetto, mangiate maccheroni con le mani, gli buttate le braccia al collo, vi comportate proprio come loro. Se credete di rendervi popolare, vi sbagliate. Queste cose piacciono ai vostri lazzaroni, sottoproletariato analfabeta, seminudo, senza tetto, che vive e dorme a cielo aperto; un cielo, a onor del vero, quasi sempre sereno. Càmpano di una manciata di maccheroni mal cotti, frutta e acqua fresca: si tengono in vita con pochi centesimi. Le mance che guadagnano in una mattina, sbrigando tre commissioni, gli danno da vivere per due giorni. Il resto del tempo lo passano a sghignazzare dei lazzi di Pulcinella, oppure a frignare con sentimento e battersi il petto ascoltando qualche pretucolo che gli minaccia le fiamme dell'inferno (passi per Pulcinella, ma i pretucoli non li dovreste tollerare). È vero, questi lazzaroni spensierati vi vogliono bene. Ma la gente seria, che ha qualche istruzione, qualche capacità, qualche proprietà, vive da cani e sa chi ne ha colpa: quella gente vi disprezza.

Ricordo un episodio che dimostra quante illusioni vi fate. Un giorno, discorrendo coll'imperatore Giuseppe II, gli diceste con la vostra bonaria ingenuità: «Ma è vita, la tua? Mangi male, digerisci male, dormi peggio. Vuoi fare tutto tu. Con la tua smania di novità, scocci ministri e funzionari, rompi le scatole ai sudditi. Respirano solo quando ti levi di torno e parti per un viaggio. Io invece, pensa un po': mangio di gusto, non ho problemi a digerire, dormo come un ghiro e me la spasso. E i miei mi vogliono tanto bene che, quando parto, devo farlo di nascosto nel cuor della notte, se no corrono a trattenermi.»

Per quanto vi concerne, le cose non stanno proprio così. Interpellate un po' un ceto numeroso e importante come quello curiale, 'i paglietta'. Vi diranno che, certo, non siete una cattiva persona; ma lasciate tutto in mano alla regina e ad Acton, ed è una vergogna. I bravi cittadini della vostra capitale vi rimproverano, non solo il tempo che perdete in passatempi da facchino, ma anche il concordato vergognoso che avete firmato con Pio VI. Non ce n'era nessun bisogno. Bastava leggere la storia civile di Giannone, per vedere che nessuna potenza straniera (tanto meno un pretonzolo!) può metter becco nel conferimento di vescovadi e altri benefici nei vostri stati. E non occorreva nemmeno leggere: bastava il buon senso, per farvi capire che questi vescovadi e benefici non vi servono a niente. Sono creazioni dell'impostura per servire la cupidigia, e si fondano sulla superstizione. Riconosco lo stile di Maria Carolina, che gioca a fare lo spirito forte, ma poi è capace solo d'impastare superstizioni da donnetta con delitti da scellerata.

Gli abitanti delle province, sire, non vi amano di sicuro, e nemmeno vi stimano. Vi detestano in Abruzzo e in Capitanata, vi odiano a sangue nelle due Calabrie e in Sicilia. Vi rimproverano di non esservi fatto nemmeno vedere in occasione dei terremoti, quando avreste potuto spendere per soccorrerli le enormi somme, che invece avete dilapidato per andare a vedere il Gioco del ponte a Pisa o la Facchinata a Milano, o per i matrimoni delle vostre figlie a Vienna. So che in realtà avete mandato dei soldi anche ai terremotati; ma li avete affidati a Pignatelli, protetto della regina, che ha pensato bene di mangiarseli. Avreste dovuto andare di persona. Allora avreste fatto il vostro dovere di buon re, e i sudditi vi sarebbero rimasti grati.

Così non dovete credere che, se i francesi gli proponessero di liberarli, i vostri infelici sudditi non darebbero ascolto. E il governo francese è irritato con voi, perché avete bistrattato i residenti francesi quando è scoppiata la rivoluzione, e avete dato asilo agli emigrati. È irritato per le calunnie del vostro ambasciatore a Costantinopoli, che ha fatto carte false perché si respingessero le credenziali del nuovo ambasciatore francese Semonville. È irritato perché avete ordinato ad Acton di mettere in quarantena le navi da guerra francesi nei porti di Messina e di Siracusa. La pagherete cara, se non riparate subito queste violazioni del diritto internazionale. Richiamate l'ambasciatore troppo aggressivo, dichiaratevi neutrale, espellete gli emigrati, revocate la quarantena delle navi francesi. Non trascurate nessuna di queste misure, o i francesi non rinunceranno a vendicarsi di voi. È una pregiudiziale a qualunque buona cosa possiate fare, come lo è tagliar le unghie ai nemici che avete in famiglia.

Il governo d'un paese come il vostro, ampio e fertile, deve favorire l'agricoltura. L'abbondanza di prodotti agricoli procurerà risorse anche al commercio e all'industria, migliorerà il reddito dei sudditi, aumenterà il gettito fiscale.

Per favorire l'agricoltura, il governo deve fare in modo che gl'investimenti più vantaggiosi siano quelli nell'economia rurale, perché capitalisti e coltivatori non li indirizzino altrove.

Ogni capoluogo di provincia dev'essere dotato di una banca rurale, dove gli effetti commerciali vengano scontati a interessi modici, e sia facile e poco costoso ottener credito, sia per effettuare opere di sicura utilità nelle campagne, sia per impiantare manifatture. Donna Eleonora Fonseca Pimentel ha scritto in materia un libro interessante; dovreste premiarla.

Quando si estendono le coltivazioni, o quando si investe seriamente per migliorare quelle che ci sono, il prodotto cresce tanto da creare un'eccedenza, dopo aver ripagato anticipazioni e interessi di coltivatori, proprietari fondiari e banche. Questa eccedenza, o prodotto netto della terra, finanzia anche il prelievo fiscale. Tutti hanno da guadagnare e nessuno da perdere, da questo dono generoso di madre natura.

Per ottenere il vantaggio, bisogna che spese e investimenti siano esenti da imposte di qualunque genere; non solo il finanziamento delle attrezzature e delle attività, a carico dei coltivatori come dei proprietari, ma anche premi e risarcimenti delle assicurazioni contro il maltempo e le epidemie del bestiame. Le imposte devono gravare esclusivamente sul prodotto netto della terra. L'aliquota giusta, secondo accurate valutazioni fatte in Francia, è il 20%. Pretendere di più rovinerebbe tanto la nazione quanto il governo.

Commercio e industria non generano imponibili fiscali.

Occorre che la concorrenza di venditori e compratori, di artigiani e industriali, sia la maggiore possibile. Privilegi e monopoli di produzione e di vendita sono opere perverse: mettono all'asta il diritto di lavorare, cioè il diritto di vivere. Sono crimini atroci.

La circolazione delle derrate, delle materie prime e dei manufatti dev'essere agevole, libera ed esente da imposte. Nessun ostacolo, nessun balzello, nessuna dogana né all'entrata né all'uscita: quelle cose allungano i tempi di trasporto, guastano le merci, aumentano i costi. Tutti inconvenienti che si ripercuotono anche sui prezzi.

La conclusione da ricavare da questi solidi principi è che dovete nominare il più presto possibile una commissione di uomini integri e intelligenti, che stabilisca le imposte nel 20% del prodotto netto di tutte le proprietà fondiarie, senza eccezioni. Ogni altro prelievo dev'essere abolito, man mano che la nuova imposta territoriale raggiungerà un gettito sufficiente a coprire le spese indispensabili dello stato.

Vi avverto che in partenza il gettito sarà modesto, perché oggi le condizioni della vostra agricoltura sono pessime. Ma esso aumenterà rapidamente, e a regime sarà considerevole. D'altronde v'indicherò anche metodi e riforme che ridurranno molto la spesa pubblica; basteranno per render possibile la rapida abolizione delle più gravose fra le vecchie imposte: quelle che fanno salire i prezzi del cibo e del vestiario, e in genere i consumi popolari.

Dai miei consigli di cambiamenti, vedrete quante storture hanno sinora impoverito la vostra agricoltura.

Bisogna rinunciare ai diritti di pascolo usurpati nel Tavoliere e nei Regi Stucchi. È una follia vietare ai proprietari di valorizzare i terreni, per farsi pagare dai pastori il diritto di pascolare pecore dove crescerebbero benissimo grano, vite e ulivo. Desolare la terra è per caso una prerogativa sovrana?

Ricordatevi, sire, che 22 secoli fa i vostri stati erano divisi in tante repubbliche, quasi tutte democratiche, ed erano ricchissimi e popolosi. La Sicilia era il granaio d'Europa. Adesso chi lo direbbe, da quando la monarchia l'ha ridotta in quello stato pietoso?

Città e villaggi, al tempo dei romani, avevano ciascuno la sua municipalità popolare. Ora che sono ridotte a monopoli nobiliari, non resta che spazzarle via. Bisogna restituire alla gente l'amministrazione degli affari e delle proprietà comunali. Occorrono cariche, magistrature e ministri di culto elettivi. Le contribuzioni locali devono essere ripartite e spese in loco. Allora gli abitanti non saranno più dei selvaggi, come adesso, ma ritorneranno a essere uomini civili.

Il diritto feudale rende il 90% dei vostri sudditi schiavo dei nobili. In nessun posto i diritti della nobiltà sono assurdi e brutali come nelle due Sicilie; in nessun posto la nobiltà ha fatto altrettanti danni. Bisogna abolirla con tutti gli annessi e connessi.

Credo che i brigantaggi di questi nobili, la loro storia di sopraffazioni e violenze, la loro ostilità alla rivoluzione francese, siano più che sufficienti a giustificare l'abolizione. Tuttavia mi sembra utile portarvi anche altre ragioni.

La nobiltà è una distinzione. La società dovrebbe concedere distinzioni a chi si è reso particolarmente utile. Ma il nobile nasce nobile. Come diavolo avrebbe fatto a rendersi utile prima di nascere?

Si sono resi utili i suoi antenati, direte voi. Utili a chi? La maggior parte della gente era schiava prima e lo è rimasta dopo.

In origine la nobiltà si acquistava col servizio militare, che era puro e semplice brigantaggio. Oppure si comprava un feudo. Nemmeno per questo servivano meriti: bastava procurarsi i soldi con la rapina, oppure col favore d'un principe, in ricompensa di servilismo e prostituzione. I nobili ereditano la nobiltà in memoria delle schifezze perpetrate dai loro antenati.

Chi eredita la nobiltà è dispensato dal meritarsela. Si può immaginare qualcosa di più assurdo e antisociale? Non incoraggia i nobili al vizio e all'ignoranza? Che senso ha distribuire le dignità e gl'incarichi di governo più importanti agli uomini più ignoranti e corrotti? Non fa passar la voglia a tutti gli altri di darsi da fare per ben meritare? E non stimola i privilegiati a odiare e disprezzare - e dunque a opprimere e rovinare - gli altri, che valgono più di loro?

Il boia, che impicca criminali uno alla volta, e solo quando glielo ordina la carta bollata, fa orrore a tutti e non può farsi vedere in società. Le iene che sollecitano incarichi di massacrare migliaia d'innocenti, devastare campagne, incendiare città, stuprare a sgozzare donne, bambini e vecchi - cioè fare il mestiere del militare, che è la collezione di questi ingredienti - quelle sono ammirate da tutti, e in società occupano i primi posti. Non sarà un tantino incoerente? Per dare dignità ai soldati ci vuole la democrazia; là tutti i cittadini sono soldati, per difendere la libertà e gli altri diritti naturali.

Montesquieu, ch'era un gentiluomo guascone, diceva: «Non c'è monarchia senza nobiltà; è quello, il sostegno del trono.» I nobili se ne son fatti un blasone per difendere le loro prerogative; e con ragione. Nei fatti monarchia e dispotismo sono la stessa cosa. E il despota non ha tante braccia quante occorrono a brutalizzare tutti, tenerli nella paura e nell'ubbidienza servile, reprimere le ribellioni: perciò si circonda di armati. Distruggere questi armati, i nobili, è disarmare e distruggere il dispotismo. È sacrosanto: senza nobiltà, niente monarchia.

Ma un uomo spiritoso ha spiegato come fa la nobiltà a sostenere il trono. Lo regge, ha detto, come la corda regge l'impiccato: tirandogli il collo. Infatti i nobili non hanno mai smesso di far guerra ai re, finché hanno potuto chiudersi nei loro castelli. Poi la monarchia ha fatto lo sbaglio di cercare di addomesticarli, e li ha attirati a corte. Qui i padroni son diventati loro, ed elemosinano senza tregua pensioni, gratifiche e occasioni di rapina. I nobili accattoni rodono il midollo dei sudditi e si mangiano lo stato: ecco come sostengono il trono. Sono il flagello dei re e dei popoli. Basta con le distinzioni ereditarie: bisogna abolirle.

Via le primogeniture, i maggioraschi, i fedecommessi, le sostituzioni fondiarie. Via l'uso assurdo dei contratti a voce.

Occorre poi riformare la flotta. I grandi vascelli e le fregate da 36 cannoni, con palle da 24 libbre, hanno costi enormi e non servono a niente. Acton vi ha convinto a costruirli per derubarvi meglio e spassarsela con la regina. La ragion d'essere della vostra flotta è la difesa delle coste e del naviglio commerciale contro i barbareschi. Quei pirati hanno piccole navi di scarso pescaggio, che si sottraggono facilmente all'inseguimento di navi oceaniche. Per dare la caccia a sciabecchi e brigantini africani, occorre naviglio leggero e veloce, che oltretutto è di costruzione più semplice e meno costosa. Vedete anche voi che Acton è incompetente, oppure in malafede.

Quando avrete ristabilito l'ordine, un esercito di 12.000 uomini sarà sufficiente a presidiare l'ordine pubblico. Lo distribuirete nelle province, per far guerra a vagabondi, briganti e ladri. Licenzierete le altre truppe che sono una spesa inutile, e assorbono risorse che invece devono essere impiegate per ridare prosperità al paese.

Occorre abolire quelle assurde ambasciate, che non sono soltanto inutili e onerose, ma realmente pericolose, come vi farò vedere.

La posizione geografica dei vostri stati è unica in Europa, ed è privilegiata. Non avete vicini pericolosi. I soli disturbi vi arrivano dai barbareschi. Se vi mettete d'accordo con francesi e spagnoli, ci metterete poco a sbarazzarvi di quei pirati una volta per tutte. Fatto questo, non avrete altro interesse comune con le grandi potenze. Che v'importa di loro, lontane come sono? Se rinuncerete alla sciocchezza delle ambasciate, delle alleanze inutili, delle leghe pericolose, non ne sentirete più nemmeno parlare, e sarete dispensato dalle seccature della politica estera. Ve ne starete a casa vostra in santa pace.

Uno dei servizi più insigni che possiate rendere ai vostri popoli, è spezzare per sempre le catene della superstizione. I preti le impongono agl'infanti, per tener tutti per tutta la vita sotto il giogo della loro superbia e cupidigia.

I preti sono più re di voi, sire: più potenti e più dispotici. Per loro siete suddito anche voi, e lo potete sentire ogni giorno sulla vostra pelle. E quella vergogna del concordato col papa... scusate se mi ripeto.

Ufficialmente siete voi a comandare. Ma i comandi temporali se li inventano i vostri incaricati, a nome vostro; e gli altri comandi se li inventano i preti, in nome di Dio. Quegli atei governano dal pulpito e dal confessionale. Dal pulpito dicono che bisogna ubbidire al re. Ma se il re li contraria, borbottano nelle orecchie della gente, senza testimoni, che quel re è un empio, un mangiapreti; dunque bisogna ubbidire a Dio, e solo i preti sanno che cosa vuole. Il re è nemico di san Gennaro, bisogna vendicarsi e ammazzarlo. Chi ammazza un re che non dà retta a san Gennaro, va dritto in paradiso; se invece gli manca il coraggio, peggio per lui, andrà all'inferno.

Di quali eccessi sono capaci i creduloni fanatici? La storia insegna che il regicidio, nei paesi cattolici, nasce così. Non lasciatevi sfuggire il *Moniteur universel* del 31 ottobre, dove ho fatto confessare al papa, in un discorso al popolo romano, tutto quello che bisogna sapere sui preti.

Forse mi direte: il popolo è ignorante, e portato all'errore; povero, e portato alla rapina; debole, e portato al tradimento; brutale, e portato all'omicidio. Come tenerlo a freno senza la religione?

Caro il mio sire, rispondetemi un po': come mai la gente è ignorante, povera, debole e brutale? L'ignoranza è un delitto del governo, che non manda la gente a scuola, perché non vuole che ragioni. Gli errori sono inculcati ai bambini per corrompere il cuore e lo spirito, e tenerli servi per tutta la vita. I vizi li distribuiscono a pioggia le sopraffazioni del re, dei ministri, dei nobili, dei magistrati, degli esattori del fisco, nonché le balle ecclesiastiche. Sono tutti questi nemici che costringono il popolo alla furberia: così sarà debole; alla rapina: così sarà povero; alla brutalità, per ripagarsi di quella che subisce. Chiesa e governo aprono le vie del crimine, e chiudono quelle della virtù.

I capi del governo hanno tre strumenti sicuri per emendare e preservare il popolo dai vizi, interessarlo al bene, tenerlo sotto controllo e renderlo felice. Gli strumenti sono: istruzione, emulazione e timore.

Create un'educazione veramente nazionale, un'istruzione popolare, e i napoletani non peccheranno più d'ignoranza. Chiudete le vie della miseria, madre d'ogni crimine e vizio. Non opprimeteli, e smetteranno di essere brutali. Incoraggiate l'emulazione: libertà di pensare e di fare, possibilità di usare al meglio le proprie capacità fisiche e mentali. Rispettate la proprietà: che la gente possa godere di quello che ha, compresa la libertà di coscienza. Interessate le persone a farne un uso socialmente utile, con ricompense proporzionate ai servizi resi; in modo che patrimonio e carriera progrediscano secondo quanto ciascuno sa fare, e quanto giova alla società. Tenete la gente dentro i limiti con la certezza che i delitti sono immancabilmente puniti con pene proporzionate. Nessun servizio senza ricompensa. Nessun delitto impunito, senza distinzioni di rango o di nascita.

Per ciascuno, le virtù devono essere solo le azioni socialmente utili; i vizi, quelli che nuocciono a lui; i crimini, quelli che nuocciono agli altri. Gli uomini riportino i loro pensieri sulla terra: l'unico posto dove sono felici o infelici. Smettano di guardare per aria, e d'inseguire fantasmi superstiziosi. Non si facciano abbagliare da messinscene ecclesiastiche o cortigiane. Non si lascino stordire da fanfare e campane. Bisogna tornare alla natura: allora incontreremo le virtù a ogni angolo di strada, e smetteremo di considerarle come insoliti prodigi.

Per applicare questi principi, sire, dovete tagliare i ponti con Roma e dare a tutti libertà di coscienza. Un governo saggio ammette tutti i culti e non dà né preferenze né privilegi a nessuno. Occorre abolire i voti religiosi, perché fanno a pugni con le leggi naturali, contrastano gl'interessi sociali e producono crimini e vizi. Confraternite, congregazioni, monasteri e corporazioni religiose dei due sessi vanno abolite.

Ciascuno sarà libero di scegliere, se vuole, un direttore di coscienza, come sceglierebbe un procuratore d'affari. Il patrio governo non c'entra.

I vari culti dovranno svolgersi solo in edifici appositamente adibiti o nelle case private. Nessun altarino, edicola o altro segno religioso nelle strade e nelle piazze, e nemmeno sui muri esterni di case e luoghi di culto. Questi simboli sarebbero punti di raccolta dei superstiziosi, e oltretutto disturberebbero il traffico.

Occorre proibire ai ministri d'ogni culto d'indossare abiti o contrassegni speciali fuori dai templi. Ogni segno di distinzione potrebbe alimentare rivalità, e sarebbe un talismano pericoloso per il popolo. Vietati i campanili e le altre fonti di pio baccano. Per convocare le assemblee municipali e per l'allarme in caso d'incendio, basta una campana nei villaggi e nelle piccole città; nelle grandi, si potrà arrivare a due o tre, secondo le dimensioni. Fondete tutte le altre campane per farne cannoni.

Nascite, matrimoni e funerali vanno celebrati dai funzionari municipali, con cerimonie esclusivamente civili. Ricordatevi d'istituire il divorzio.

I beni ecclesiastici appartengono alla nazione. Responsabilizzate le municipalità, perché ne facciano l'inventario, ne stabiliscano le quotazioni e li vendano all'asta. Per coprire i costi che incontreranno, concedete loro un aggio sul ricavato delle vendite.

Ai religiosi dei due sessi date pensioni vitalizie. Sgombrino case e monasteri, portando con sé abiti civili e biancheria, con divieto di vivere in comunità e libertà di sposarsi.

In ogni villaggio, destinate una parte delle terre coltivate, ricadute in proprietà nazionale, alla vendita in piccoli lotti ai contadini. L'acquirente sarà tenuto a versare in corrispettivo un canone del 5%; ma potrà riscattare il fondo in tutto o in parte quando vorrà, versando il prezzo stabilito nell'atto di aggiudicazione. Così moltiplicherete i piccoli proprietari, che sono dovunque i cittadini più utili.

Le due Sicilie sono prive di rete stradale secondaria. Bisogna assolutamente che una parte delle terre ecclesiastiche sia utilizzata per costruirla.

Il ricavato delle vendite rimanenti deve avere le seguenti destinazioni:

1. Pagare i debiti dello stato, dei capitoli e case religiose, delle province e delle municipalità.

2. Istituire scuole nazionali in ogni città, borgo e villaggio, gratuite per i poveri d'ambo i sessi.

3. Costruire strade, ponti e canali. Da voi non ci sono grandi fiumi, perciò non potete collegarli con canali navigabili. Però avete bisogno di canali d'irrigazione, che valorizzeranno i terreni e arricchiranno il pubblico e i privati.

4. Riparare i disastri causati dai terremoti, specialmente nelle campagne, ricostruendo villaggi e fattorie.

5. Istituire banche rurali. Ne ho già parlato.

6. Stampare i libri elementari che occorrono per l'istruzione pubblica. Finanziare premi per scoperte e perfezionamenti di arti e mestieri.

Queste, sire, sono le vostre risorse, e gl'interessi vostri e dei vostri popoli. Ripararete i crimini dei vostri predecessori, dei nobili e dei preti, ed emenderete i difetti del vostro governo: è facile intuire che immensi vantaggi realizzerete. Ma dovete pensare anche agli ostacoli che frapporranno quelli che hanno tutto da perdere. I malcontenti saranno terrorizzati. Magari vi proporranno anche loro delle riforme; ma, potete giurarci, saranno palliativi per lasciare le cose come stanno. Se gli darete ascolto, saranno loro a fare la rivoluzione, sollevando il popolo contro di voi e guadagnandolo con promesse e insinuazioni perfide.

D'altronde, se li ascoltate, darete tempo ai francesi di arrivare dalle vostre parti con un'artiglieria irresistibile: lo slogan "guerra ai tiranni, libertà a tutti"; la dichiarazione dei diritti dell'uomo e del cittadino; il decreto del 2 agosto, che riconosce ai disertori del nemico la cittadinanza francese e una gratifica di 50 lire in contanti, più una rendita vitalizia assicurata di 100 lire aumentabili fino a 500. Metà delle truppe prussiane e austriache hanno già disertato per questo, e l'afflusso continua. I popoli che sentono lo slogan e la dichiarazione dei diritti chiamano i francesi in soccorso, gli vanno incontro, gli danno le chiavi delle città, li accolgono come liberatori. Solo re, nobili e preti storcono la bocca.

È uno spettacolo che presto vi godrete anche voi, se non abbandonate la difesa dell'ex re di Francia e di quella donnaccia di sua moglie, che voleva regalare la Francia al nemico, come la vostra vorrebbe fare dei vostri stati.

Ve lo ripeto, sire: l'imperatore chiede aiuto a re e principi d'Europa, perché dopo se li vuol pappare comodamente uno a uno. È un pezzo che la casa d'Austria lavora al progetto di spartirsi l'Europa con la zarina. Voi re non vi rendete conto che le vostre mogli austriache, e i vostri ministri e ambasciatori, sono gli strumenti della corte di Vienna per mettervi in trappola. Ma adesso che lo sapete, smettete di piangere per i dispiaceri di Maria Carolina: per voi sono tutti colpi di fortuna.

Non perdete tempo ad attirare la riconoscenza dei vostri popoli invitandoli a eleggere una convenzione nazionale, esclusi preti e nobili, i vostri comuni nemici.

Buone leggi e saggi regolamenti non sono facili da varare; e non siete voi che potete metterci mano. Le leggi giuste sono fatte per l'eternità. Bisogna che le votino i rappresentanti del popolo; e voi vi sbarazzerete di un'incombenza che nessun re ha mai saputo sbrigare senza cadere nell'abuso. La Convenzione nazionale napoletana s'ispirerà al modello francese per fare tutto quello che occorre. E se voi, sire, avrete dato prova del gran carattere di cui la fortuna vi ha dotato, certo la nazione vi nominerà capo del governo e vi affiancherà ministri capaci e responsabili.

Non si può negare che nei secoli sia vissuto qualche buon re, per quanto di rado. Ciò che le nazioni hanno comunque da rimproverare alla loro memoria, è che fecero amare la monarchia e dimenticare i soprusi dei predecessori; d'altronde trascurarono di lasciare ai successori leggi costituzionali, che gl'impedissero di violare i diritti naturali. Perciò anche i buoni re vanno condannati, come colpevoli dei crimini dei successori, e di tutte le disgrazie da questi inflitte al popolo.

Vi auguro, sire, di riuscire a risparmiarvi questa condanna. Vi ho detto il modo, e mi sembra con questo di aver dimostrato zelo intelligente per i vostri interessi, e il profondo rispetto con cui sono eccetera eccetera.

Al re d'Inghilterra

8 febbraio 1793

Sire,

i capi degli stati se ne stanno nella loro torre d'avorio, sempre avvolti in nebbie di adulazione o di calunnia. Per conto mio, ho sempre avuto la curiosità di vederli dal vero. Voi, per esempio, vi ho studiato parecchio, e ricordo bene ciò che ho visto coi miei occhi e ciò che ho sentito di voi dalle persone più attente e sincere.

Buon figlio, buon marito, buon padre, padrone affabile. Senza dire che siete più colto degli altri re: parlate correntemente varie lingue vive e morte, sapete di storia, geografia, matematica e scienza della navigazione. Insomma, sire, avete tutto quello che occorre per diventare un gran re.

Ma che disgrazia! Lo storico del vostro regno non può far altro che allineare una lunga serie di errori. Si è mai vista l'Inghilterra conciata peggio? I vostri ministri superano in imbrogli e rapine i più spregevoli predecessori; persino quel cardinal Wolsey che fu l'odioso ministro del più corrotto dei re d'Inghilterra.

Voi siete colto e intelligente, e tutto da voi va a puttane, a cominciare dalle arti e dalle scienze. In Gran Bretagna ci sarà sì e no il 20% dei letterati e studiosi d'altri tempi.

L'opinione pubblica è disorientata. Chi se n'intende osserva che Giorgio III trascura la vita pubblica per quella privata; è un uomo testardo, ma non è determinato; è esposto a troppi pregiudizi; e poi un'assurda devozione gli fa spesso confondere l'ipocrisia con la virtù.

Non c'è talento che possa formare un grande uomo di stato, se privo di scienza del cuore umano; se ignorante dei principi fondamentali del benessere del popolo; se poco portato a lavorare sodo, vagliando ogni cosa di testa sua; se privo di generosità, di fermezza e di coerenza. L'uomo di stato non s'accontenta di lasciar tutto in mano ai suoi collaboratori.

La storia dovrebbe insegnarvi che non c'è ministro né cortigiano che si dedichi ad altro che a scrutare il padrone e scoprirne i difetti, per abusarne, per fare soldi e carriera, per acquistare su di lui un ascendente altrettanto funesto di quello del re sui sudditi.

Per evitare il pericolo avreste dovuto stare in guardia contro gli adulatori, renderli severamente responsabili dei loro incarichi e tenerli in riga con l'emulazione e il timore. Così avreste potuto manifestare giustizia e benevolenza, come i vostri sudditi s'aspettavano da voi, e vi sareste guadagnato il loro amore. Invece siete ridotto a sostenervi con la rapacità e con le forze di polizia.

Ho le prove, sire, che questi discorsi li ascoltavate quando incominciaste a regnare. Perché non avete perseverato? Perché vi siete ridotto schiavo dei favoriti? Potevate essere un gran re: vi siete degradato a tiranno.

Il vostro regno incominciò con una pace vantaggiosa, nel 1762. Dettaste legge agli avversari, ma affidaste accortamente la mediazione al gabinetto di Torino, da molto tempo servo ubbidiente di quello inglese. Funzionò a meraviglia. Tutto andò liscio: nessuno sollevò obiezioni, e voi faceste quello che volevate colla massima discrezione. Carlo Emanuele passò per autore del trattato, che avevate scritto voi dalla prima all'ultima parola. Poi, nel 1763, faceste credere all'Europa di aver architettato la pace di Hubertusburg, che invece era opera di Federico il Grande. Furono inizi lusinghieri, avrebbero dovuto incoraggiarvi a far sempre meglio.

Allora eravate attivissimo: sempre alla testa dei vostri diplomatici, non avevate paura di lavorare sodo. Le vostre opinioni erano determinanti per il gabinetto. Sapevate valutare gli uomini: mandavate sempre avanti i più accorti. E la buona fortuna del vostro paese contava molto per voi.

Ma non durò a lungo. Poi venne qualche ministro che scovò il tarlo dei vostri scrupoli religiosi, e vi persuase facilmente, sull'esempio di Giacomo I, che «l'autorità dei re viene da Dio, e deve sempre crescere per aumentare la gloria di Dio: questa è la regola. I buoni cristiani si accontentano della volontà di Dio, rivelata dalle sacre scritture. I buoni sudditi si accontentano della volontà del re, rivelata dalle sue scritture, cioè dalle leggi che emana.»

Anche Carlo I ci credeva. Per seguire queste massime commise ogni abuso, fino a sospendere ripetutamente l'*habeas corpus;* e ci rimise la testa. Pare che abbiate le stesse intenzioni. Non fate che aumentare le milizie territoriali, che nel vostro paese non servono a niente; emanate raffiche di decreti arbitrari; moltiplicate gli accantonamenti di truppe. Fate come Carlo I, e rischiate di finire come lui.

Carlo incominciò a scadere nell'opinione degl'inglesi perché gl'imponeva ostinatamente i suoi favoriti, a cominciare dal duca di Buckingham, che loro non potevano vedere. Se qualcuno disubbidiva a un ordine ingiusto, veniva subito arrestato. E poi si rimproveravano a Carlo le sue disgraziate spedizioni a Cadice e nell'isola di Ré, e la flotta spedita sulle coste francesi per combattere i calvinisti.

A voi, sire, gl'inglesi rimproverano spedizioni ancor più disgraziate e impolitiche. Avete sfruttato dispoticamente i loro soldi e il loro sangue, per cercar di rovinare i loro fratelli degli Stati Uniti d'America; e del resto non ci siete riuscito.

Vi rimproverano d'aver favorito l'asservimento dell'Olanda allo Statolder.

Vi rimproverano le continue violazioni della costituzione britannica.

Vi rimproverano i continui arresti arbitrari, peggio che sotto il disastroso regno di Edoardo IV.

Vi rimproverano le clamorose violazioni della libertà di stampa.

Vi rimproverano di non esitare a servirvi delle più schifose delazioni.

Vi rimproverano i progressi nelle arti dello spionaggio e della corruzione.

Vi rimproverano di riempire i giornali di bugie, calunnie e perfide insinuazioni, per ingannare l'opinione pubblica.

Vi rimproverano d'aver ostacolato la riforma delle elezioni alla Camera dei comuni, e d'aver negato giustizia agli scozzesi e agl'irlandesi.

Vi rimproverano d'aver fatto lievitare insieme le tasse e il debito pubblico.

Vi rimproverano l'accanimento per ridurli in rovina.

E infine vi rimproverano, sire, la testardaggine con cui difendete il ministro Pitt, consigliere e complice di tutti i delitti precedenti.

A osservarvi nella vita pubblica e privata, mi ricordate molto Enrico IV. Ricordatevi la fine che fece.

La sua, come la vostra, non era la famiglia reale inglese, ma lo divenne in seguito a una rivoluzione.

Come Enrico, voi siete un uomo affabile e molto religioso.

Enrico perse le conquiste di suo padre in Francia. Voi avete perso gli Stati d'America e siete andato a un pelo dal perdere l'Irlanda.

Enrico non era privo di virtù, ma il suo popolo non l'amava. Di voi si può dire lo stesso.

Infine Enrico IV fu rovinato dai cattivi ministri che si scelse. Ed è probabile che questo accada anche a voi.

Per regnare gloriosamente avreste dovuto assicurare l'equilibrio fra i centri di potere del vostro paese. Voi avete sempre cercato di far pendere la bilancia dalla vostra parte. Non c'è potere che i vostri ministri non arraffino: il proclama più recente usurpa anche quello giudiziario. È un vero attentato contro la nazione.

All'inizio del vostro regno era già di moda la corruzione elettorale. Dal 1767 il vostro governo si è sbarazzato d'ogni pudore. Siamo al punto che i vostri ministri e cortigiani, col vostro incoraggiamento, considerano gli uomini onesti e di sentimenti patriottici come poveri fessi, ne ridono e li vessano in tutti i modi. L'opinione generale è che, per esser scelti come vostri collaboratori, bisogna esser pratici del gioco delle tre tavolette. Si vede bene che distribuite cariche e denaro per comprarvi i continui panegirici servili che vi vengono indirizzati. Essi lodano la vostra amministrazione, tacendo lo stato disastroso delle finanze e la miseria del paese. Vi compiacete di queste leccate disgustose, che ricordano quelle del senato romano all'imperatore Tiberio. Così cercate di soffocare le disperate proteste delle province contro l'enormità del carico fiscale e contro i disordini d'ogni genere; così rendete vane le rimostranze dei cittadini.

Spionaggio e corruzione, da voi utilizzati in tutte le corti degli altri paesi, danno al vostro governo la fama di essere il più intrigante e insidioso d'Europa. Prima spingete un paese a insultarne un altro; poi incoraggiate il secondo a vendicarsi del primo; e voi, in attesa sulla vostra tela di ragno, ne cavate il vostro profitto. Aizzate l'insaziabile avidità mercantile inglese a invidiare i successi degli altri e ad attaccarli; la vostra flotta è sempre all'erta per questo. Così rendete l'Inghilterra nemica di tutti e odiata da tutti.

L'astuzia rapace dello stato non è mai stata tanto audace. I vostri ministri, per fare fortuna, non esitano a corrompere o eliminare chiunque gli attraversi la strada. Questo modo di procedere assorbe somme enormi. La guerra è la situazione ideale, per pescar nel torbido e drenare le risorse di un paese. Perciò i vostri ministri vogliono la guerra, e si tengono per sé la gestione incontrollata delle spese della flotta, degli eserciti di terra, degli affari interni ed esteri, degli aiuti ai principi stranieri, dell'intelligence service e così via. E quanti mezzi per far bottino, per comprarsi sostenitori, per legare ai propri interessi una folla di capitalisti e di scrocconi antisociali!

Questa guerra fatta di crimini e disastri - che devasta agricoltura, commercio, industria e mezzi di sussistenza del popolo - è la pastura dei re, cortigiani e ministri, e ne aumenta il patrimonio e il potere.

Con questi metodi spaventosi avete fatto salire il debito pubblico a 280 milioni di sterline, con 9 milioni d'interessi annuali. Un debito che grida vendetta, perché è senza copertura e ha interessi troppo bassi per pensare di poterli comprimere. Un debito in larga parte verso l'estero, che fa uscire denaro dal paese senza incrementare l'imponibile fiscale. Un debito consolidato, con una frazione estinguibile che non supera 1.200.000 sterline.

Il debito grida vendetta perché non è nemmeno garantito da un fondo di beni regali o ecclesiastici da vendere per estinguerlo.

Il debito grida vendetta perché la vostra nazione, per colpa vostra, è nel mondo la più oberata dal fisco.

Il debito grida vendetta se si pensa all'enormità di una tassa per i poveri di 3 milioni di sterline. Gli ospizi affollati dimostrano che la nazione è ridotta alla mendicità. Ecco che cosa sa costruire il vostro governo!

Il debito grida vendetta perché la vostra lista civile è opulenta, e voi, sire, siete sempre a mendicare che venga aumentata, con la scusa che avete tanti debiti. Gl'inglesi sono poveri, ma voi non mollate un ghello dei proventi delle vostre rendite tedesche. Avete in cassa almeno 8 milioni di sterline, e non sapete farne altro che toglierli dalla circolazione.

Voi succhiate il sangue, sire. Preparate ai vostri popoli una bancarotta vergognosa, e minacciate di coinvolgerci mezza Europa. E adesso volete precipitarli tutti giù nell'abisso, trascinandoli nella più arbitraria, iniqua e disastrosa delle guerre: quella contro la Francia.

Noi abbiamo minacciato di appellarci alla vostra nazione: a chi realmente ha dignità sovrana nel vostro paese. Tutti sanno come i vostri ministri, infuriati, si diano da fare per corrompere l'opinione pubblica, calunniando i francesi; come comprino a questo scopo i membri più autorevoli dei club di Londra e della provincia; come arruolino agitatori in Francia.

Raccontate la favola che la Francia è caduta in mano a un gruppetto di scellerati, che predicano la ripartizione delle terre e massacrano i ricchi per derubarli.

Faziosi, assassini e briganti non mancano nemmeno in Francia. Ma sono al soldo dei vostri ministri, sire, e dei re coalizzati per seminar zizzania. La nazione francese è indignata da questi crimini, e ha ordinato di punirli. La nazione difende la sua libertà. Credo che i successi degli ultimi cinque mesi contro gli eserciti prussiani, austriaci e degli emigrati lo dimostrino a sufficienza.

V'inganna chi vi dice che non troverete resistenza. Quando le piazzeforti, l'esercito e la finanza erano ancora nelle mani del traditore, Luigi XVI, quando tutti ci tradivano, siamo stati capaci di fare a pezzi i nostri nemici. Chi ci vincerà ora, che abbiamo generali patriottici, armate agguerrite, una buona flotta, marinai bravi quanto i vostri con ottimi ufficiali, le migliori artiglierie di terra e di mare, e domini nazionali per più di 3 miliardi?

Quando si tratta della salvezza comune, le fazioni da noi non trovano più spazio. Preoccupatevi degl'inglesi, quando si renderanno conto che li portate al macello.

Può darsi che, comprandovi onorevoli, riusciate a far approvare dal vostro parlamento altri finanziamenti della guerra del dispotismo contro la libertà. Ma le tasse aumenteranno. E i vostri malcontenti, specialmente gli scozzesi e gl'irlandesi che spremete come limoni, saranno disposti a pagare? Avranno una bella occasione per reclamare anche loro la libertà. Oltre al fronte esterno, potreste trovarvi nella necessità di combattere sul fronte interno. E se a questo punto attraversassimo la Manica e facessimo una gita in Inghilterra, non sareste felice di riuscire ancora a darvela a gambe?

Badate, sire, che nessuna potenza europea è in grado di sostenere la guerra contro di noi per un paio d'anni. Da parte nostra abbiamo i mezzi per sostenere tre campagne, destinando a ciascuna un miliardo. In un anno, con un miliardo, se ne mantengono e se ne armano, di soldati!

Pensate come combatte un cittadino che difende sé stesso e la sua libertà, rispetto a un mercenario.

Pensate che a noi non occorre aumentare le tasse. I nostri assegnati hanno eccellenti garanzie reali; la vostra carta moneta circola su una fiducia mal riposta. Il credito della vostra banca londinese andrà a gambe all'aria, quando il buon senso inglese convincerà i depositari a ritirare i loro soldi, per collocarli invece nei domini nazionali francesi e guadagnare un interesse doppio.

E non finisce qui, sire: abbiamo un'altra armata contro la quale potete far poco. In barba alla vostra polizia, elettrizzeremo il patriottismo dei malcontenti con la nostra dichiarazione dei diritti dell'uomo, e la canteremo chiara sui vostri soprusi. Credetemi, l'effetto non sarà inferiore a quello di bombe, pallottole e sciabole con cui vi colpiremo. Chiederemo e offriremo amicizia a inglesi, scozzesi e irlandesi. I nostri simpatizzanti sono già molti. I britannici sanno quanto noi che l'odio fra i nostri popoli è fomentato solo dal vostro *divide et impera*.

I britannici vi hanno visto far di tutto per asservire gli americani e favorire il dispotismo dello statolder. Pensate che non si rendano conto che li volete armare contro di noi, per tenere loro stessi sotto il tallone? Triste esperienza e buon senso dimostrano che dalla monarchia si ricavano paesi spopolati e terre incolte. Salterà agli occhi che chi vuole impiegare il loro denaro e il loro sangue per incatenare i francesi è nemico della libertà di ogni popolo, e vuol perpetuare miseria e schiavitù universale.

I britannici non potranno nascondersi che ogni vostro

successo in guerra sarà per loro un bel disastro. Quante tasse dovranno pagare, se vi riesce di abbatterci! Quante aziende fallite, quanta miseria! Tutto per il gusto di togliere di torno il miglior partner commerciale del vostro paese. Ma naturalmente possiamo vincere noi. E allora voi dove andrete finire?

No, sire, gl'inglesi non saranno d'accordo. Già conoscono i difetti della loro costituzione, che in fondo non fa che legalizzare il dispotismo e renderlo più pericoloso che mai. Sanno che non si è liberi sotto leggi marittime come le vostre; sotto una caterva di monopoli, divieti e intralci all'attività economica. Sanno che non si è liberi se non si può criticare il governo, se non si può parlare dei propri diritti senza rischiare l'osso del collo. Non si è liberi dove gran parte del paese è escluso da ogni rappresentanza in parlamento. Dove si crepa sotto imposte e debito pubblico, approvati da parlamentari ignoranti e venduti. Dove il gran capo tira i fili delle elezioni e delle votazioni, come negli spettacoli di burattini. Dove il medesimo gran capo fa quel che vuole dei tribunali, e può sospenderne le funzioni e cassarne le sentenze. Dove decide lui solo la guerra e la pace, firma trattati pazzeschi, paralizza le scelte del paese, e non risponde di niente. Dove la nazione è espropriata d'ogni diritto, e per riaverlo non le resta che fare la rivoluzione, come hanno fatto gli americani e i francesi.

Gl'inglesi non possono in buona fede ignorare di essere schiavi incatenati, che portano al collo un cartello con su scritto: *Libertà.*

Lo ripeto: gl'inglesi sanno che gli conviene diventare liberi e amici dei francesi, per essere ricchi e felici. La collaborazione dei due popoli più colti, ricchi e attivi che ci siano al mondo sarebbe un vantaggio incalcolabile per tutti.

Il vostro paese, sire, deve ammettere che non gli abbiamo fatto nessun torto. Ci siamo armati solo per difenderci contro i despoti, coalizzati per annientare questa dichiarazione che restituisce ai popoli i diritti di cui loro li avevano spogliati, con la complicità dei preti cattolici e dei nobili. Se dichiariamo guerra a voi, è solo perché aderite alla coalizione. E la nostra dichiarazione di guerra cadrà all'istante, se i vostri rifiuteranno di seguirvi, se non vorranno combattere una rivoluzione che giova anche a loro. Ci sarà guerra solo se gl'inglesi sono ciechi. L'enormità del vostro debito pubblico, le tasse schiaccianti, quella mostruosa tassa dei poveri, dovrebbero bastare a convincerli che le guerre servono solo ad arricchire re e ministri, finché non diventino guerre per rovesciarli.

Il momento è critico, sire. Questi sono i migliori consigli che riesco a darvi. Non ci combattete. Promuovete voi stesso la revisione della costituzione britannica. Costituite un nuovo parlamento che rappresenti tutti i cittadini. Se lo farete, consoliderete il vostro trono zoppicante e avrete il solido potere che conferisce la fiducia della nazione.

Se invece non lo farete, la rivoluzione sbarcherà anche in Inghilterra. Non occorrerà nemmeno che siamo noi ad attraversare la Manica. A giudicare dal sangue sparso nelle rivoluzioni inglesi del passato, che batte ogni precedente francese, vi troverete in un bell'uragano. I malcontenti dei tre regni uniti faranno lega contro di voi, butteranno giù dal trono voi e la vostra razza, e sarà colpa vostra.

Allo statolder d'Olanda

Monsignore,

ebbri di dispotismo, i ministri dei tiranni europei ci additano ai loro servi come gente sanguinaria, peggio che pirati e filibustieri. Per dimostrarlo, immaginano che anche noi ragioniamo come loro, e ci accusano di fare i filantropi solo a parole, per ingannare la gente sulle nostre vere intenzioni. Una volta accolti come liberatori, secondo loro, metteremmo al collo dei popoli catene più pesanti di quante ne abbiano mai portate. Sono calunnie.

S'incolpa la Francia intera delle esazioni un po' eccessive spillate in paesi amici da qualche commissario disinvolto. Ma sono abusi illegali: la maggioranza non li approva.

Poi si dice che i fornitori del nostro esercito rubano. Bella scoperta: chi fa quel mestiere ruba dappertutto.

Si citano certe declamazioni esaltate e incendiarie, partorite da teste matte. Dove c'è libertà di parola, bisogna aver pazienza: qualcuno ne approfitta per dire cose ridicole o ripugnanti.

E per finire, si addebitano alla Francia intera le malefatte di qualche delinquente, che ha derubato i suoi connazionali e ha bagnato di sangue il suolo della libertà. E magari era pagato, per far questo, proprio da quei catoni che lo rimproverano per screditare il governo repubblicano.

Voialtri despoti e i vostri reggipanza, monsignore, siete una razza di calunniatori. Fate del vostro meglio per procurarci guai; poi ce li rinfacciate, e ci proponete come alternativa il quadro di cieca ubbidienza e uggia letale in cui si sonnecchia a casa vostra. Il fatto è che le vostre vittime sono istupidite dal terrore, a furia di sevizie e ladrocini.

Calunniate, calunniate, monsignore. E noi continueremo a confondere voi e i vostri amici con le nostre savie leggi e con i nostri brillanti successi. Noi metteremo a confronto le vostre calunnie con le verità scritte a lettere di sangue negli abominevoli annali della vostra storia. Lasciate che ne ricordi qualcuna.

Guglielmo d'Orange, primo statolder, esordì con l'intenzione di liberare i compatrioti dalla tirannia di Filippo II, ma presto si vide che mirava solo ad arraffare il potere. Sarebbe diventato re d'Olanda, se un emissario spagnolo non l'avesse ucciso.

Maurizio, ambizioso e perfido, non pensava ad altro che a ridurre la patria in schiavitù. Assassinò molta gente perbene. Subornò falsi testimoni per far condannare a morte il vecchio Oldenbarneweldt, che l'aveva elevato alla carica di statolder ed era un grand'uomo.

Guglielmo II, gran tiranno, elaborò piani funesti per l'Olanda. Il figlio Guglielmo III li attuò con la violenza, facendo assassinare i fratelli de Witt, gli uomini più notevoli del paese. Dopo essersi macchiato d'ogni delitto, usurpò il trono inglese e se ne andò a rendersi odioso altrove, con la sua astuzia e perfidia.

Nel 1702 Guglielmo III, privo di figli, aveva nominato erede il proprio parente Dietz, principe di Nassau, che era statolder ereditario delle province di Frisia e Groninga. Il giovanotto, intrigante e ambizioso, sarebbe riuscito a impadronirsi anche delle altre cinque province, se non fosse morto annegato nel 1711. Suo figlio postumo, Guglielmo Carlo, era abilissimo a insinuarsi e aveva calorosi sostenitori, che però non riuscirono a procurargli più della Gheldria, nel 1722. Le altre quattro province furono a lungo insidiate, ma riuscirono a conservare la libertà fino al 1747. Allora una congiura nobiliare sostenuta dagl'inglesi, capeggiata dal conte di Bentinck, fece statolder delle sette province vostro padre

Guglielmo IV. Egli seguì le orme dei predecessori. La prima cosa che fece fu di ripristinare il consiglio di guerra di Maurizio: una specie di inquisizione spagnola. Nemmeno nell'ingratitudine fu da meno. Bentinck fece la stessa fine di Oldenbarneweldt, con la differenza che se la meritava, perché era un avaro ambizioso e un traditore del suo paese. Quando nel 1767 condannaste la sua memoria, non provai certo dispiacere. Si sa che il tradimento fa comodo, ma i traditori fanno schifo.

Vostro padre, divenuto statolder, scelse come uomo di fiducia Luigi di Brunswick: un uomo turbolento, avido di soldi e di potere, falso con gli amici, vile con i nemici. Fu lui il favorito di vostra madre, quando rimase vedova; e ne diresse la reggenza mentre eravate minorenne.

Nel 1756 Luigi, d'accordo con la corte inglese, cercò di coinvolgere gli olandesi in una guerra contraria ai loro interessi. Essi riuscirono a sottrarsi all'ultimo momento, ma gl'inglesi si vendicarono di loro con infami atti di pirateria. Gli stati generali sollecitarono invano vostra madre a contrastare quelle rappresaglie. Non solo lei rifiutò di accrescere la flotta, ma si ostinò a chiedere piuttosto di potenziare l'esercito.

La cospirazione fra L'Aia e Londra, e l'accanimento degli statolder nel potenziare l'esercito (che all'Olanda non serve), sono prove sufficienti di tradimento verso il paese. E ce ne sono altre:

1. Un paese commerciale come l'Olanda non ha bisogno di più di 12-15.000 soldati, per presidiare le piazzeforti e assicurare l'ordine pubblico. Quando gli olandesi erano un popolo libero, preferivano varare navi mercantili che armare truppe di terra. Sono gli statolder che hanno bisogno di sgherri per tenere il paese sottomesso.

2. Olandesi e britannici sono acerrimi concorrenti. Eppure gli statolder olandesi hanno sempre brigato per allearsi con l'Inghilterra. Come mai? È la ben nota solidarietà fra despoti; e il despota d'Inghilterra è il più forte, e ha fatto dell'Olanda

una provincia inglese, in cui comanda con maggior durezza che in casa propria. Gli statolder sono venduti all'Inghilterra, e impiegano soldi olandesi e navi olandesi per favorire il concorrente. Questo spiega la decadenza della repubblica d'Olanda.

Luigi di Brunswick fu il vostro tutore. In quella veste, carpì la vostra fiducia e v'imbottì di cattivi consigli. Vi procurò brutti vizi per tenervi lontano dagli affari di governo. Voi vi mettevate in ghingheri e vi divertivate a fare la parata coi vostri soldatini; poi correvate a sbronzarvi. Intanto lui intrigava per collocare i suoi uomini di fiducia nei posti chiave; metteva spie dappertutto, per sapere chi fosse pro e chi contro. Distribuiva pensioni segrete a preti e professori, perché insegnassero ai giovani a riverire la vostra casa. Si aiutava a far politica con un battaglione di donnine allegre. I vostri redditi venivano spesi in questo modo.

D'altronde quell'imbroglione aveva già un passato alle spalle. Nel 1741 s'era fatto buttar fuori dalla Russia, e poi aveva regnato in Curlandia, non più di qualche ora. Anche in Olanda finì per farsi detestare da tutti, e fu cacciato. Si rifugiò ad Acquisgrana, ma anche da lì lo espulsero per le sue cabale.

Ebbi un'impressione diretta di Luigi di Brunswick nel 1767-68, quando la corte di Vienna, in persona del principe Venceslao di Liechtenstein, m'incaricò di una missione importante dalle vostre parti.

Fu sempre Luigi, monsignore, che vi scelse la moglie. Bisogna dire che l'istruì bene: presto l'allieva superò il maestro. Sofia Guglielmina era l'avarizia in persona, ma era ancor più ambiziosa e intrigante. Così volle tenersi obbligato suo fratello Federico Guglielmo prestandogli un sacco di soldi, quand'era ancora principe ereditario e in famiglia lo tenevano a stecchetto. Lei aveva i suoi disegni. Ma quel cretino (destinato a diventare poi il braccio della mente avvizzita di Kaunitz), nonostante gli obblighi verso la sorellina, quando lei gli chiese in cambio una bella controrivoluzione, nicchiò a regalargliela. Per convincerlo, Sofia Guglielmina trovò il modo di farsi insultare in piazza da qualche patriota. Allora il re di Prussia si convinse a far marciare sull'Olanda una modesta truppa al comando del duca di Brunswick-Lüneburg. Ma l'obiettivo assegnato era solo di ripristinare lo status quo; e anche quello sarebbe stato mancato, se i francesi avessero mosso un solo dito.

A vostra moglie le istruzioni che il fratello aveva dato al suo don Chisciotte non andavano bene. Lei voleva far fuoco e fiamme. Conosceva il lato debole di quell'uomo: si fece dare tre barili di ghinee dal re d'Inghilterra e li fece recapitare nella tenda dell'alto comando. Subito Brunswick-Lüneburg dimenticò le istruzioni ricevute e rovesciò, insieme al nuovo governo patriottico, anche la costituzione precedente. In questo modo vi trovaste padrone assoluto di tutte le Province Unite.

Però i barili di ghinee avevano stuzzicato l'appetito del generale: corse l'Olanda sgraffignando dappertutto. Quando arrivava in un posto, alloggiava nella casa più bella; e quando se n'andava, si portava via ogni cosa trasportabile: mobili, argento, gioielli, porcellane, stoffe preziose. Spediva tutto a casa sua in Germania, e le spese di trasporto le scaricava sui poveri olandesi. I suoi ufficiali seguivano il suo esempio. Fu così che vostra moglie promosse il saccheggio delle case più ricche del paese.

Se raccontassi tutte le malefatte di quella donna, la mia lettera diventerebbe troppo lunga. Ma badate: i patrioti non dimenticano. Siete stato imprudente a gettarli in braccio a noi. Per altro verso avete attizzato la nostra ostilità con una lunga serie di attentati, nel corso degli ultimi tre anni. Durante il soggiorno che ho fatto in Olanda, nel settembre scorso, ne ho raccolto le prove.

Fin dall'inizio della nostra rivoluzione avete finto neutralità, ma non avete smesso di lavorare sott'acqua.

Avete sparso agenti nelle vostre città e campagne, per

montare l'opinione pubblica contro di noi.

Avete ascoltato con interesse le sollecitazioni dei nostri nemici per allearvi con Vienna e Berlino contro di noi. Per accettarle ufficialmente, aspettavate solo disco verde dal vostro protettore Giorgio III.

Se non ci avete dichiarato guerra per primo, è stato solo per diffidenza nelle vostre forze e per timore di agitazioni dei vostri sudditi.

Credo che questo basterebbe a giustificare la nostra dichiarazione di guerra. Ma abbiamo da rinfacciarvi ben altro.

L'esportazione d'armi è sempre stata fiorente nel vostro paese, salvo quando l'Olanda era in guerra. Avete venduto armi e munizioni ai còrsi, che si difendevano contro i genovesi; armi e naviglio agli americani, che scuotevano il giogo inglese. Ne avete vendute ai turchi, per combattere contro i cristiani; e ai barbareschi, per le loro attività corsare.

Ma se gli acquirenti sono repubblicani francesi, allora interviene il veto del governo. La ditta Hozey aveva venduto qualche migliaio di fucili al nostro concittadino Caron de Beaumarchais. Il governo olandese bloccò il carico in Zelanda, impedì la consegna e costrinse Hozey a rompere il contratto.

Non è la stessa cosa se l'acquirente è il ministro Narbonne, a nome di Luigi XVI, per armare i nostri emigrati. Allora intervenite per agevolarli, ordinate che si facciano buoni sconti sui prezzi e consegne puntuali. Non è stato così per le grandi consegne fatte a Coblenza e in altri punti di raccolta dei nostri nemici?

Posso dimostrare che date opera di consiglio ai ministri di Luigi XVI per organizzare la controrivoluzione.

Posso dimostrare che appoggiavate la corte delle Tuileries quando spediva ad Amsterdam oro e argento francese, acquistato a qualsiasi prezzo pur di screditare gli assegnati nazionali.

Posso dimostrare che consentivate la coniazione di quei

preziosi in ducati, da spedire a Coblenza.

Posso dimostrare che quella città è stata a lungo la vostra base bancaria per finanziare gli emigrati.

Posso dimostrare che provenivano da Amsterdam le forniture dell'esercito russo e di quello svedese.

Posso dimostrare che si raccolgono ad Amsterdam i contributi italiani, portoghesi e spagnoli per alimentare la guerra contro di noi.

È un fatto che dal 1789 avete introdotto nei vostri stati un regime di polizia severissimo per gli stranieri, ma addirittura brutale per i patrioti francesi.

È un altro fatto che avete sospeso la libertà di stampa, e inondato il paese di spie.

Ed è un terzo fatto che vietate la lettura del *Moniteur Universel* e di parecchi altri giornali francesi nei caffè e nei luoghi pubblici; per quanto non vi sia riuscito d'intercettare gli abbonamenti privati. Invece ai giornali monarchici assicurate ampia circolazione.

Queste misure sono il seguito naturale dell'appoggio indiretto che deste a Luigi XVI, quando lasciaste mano libera a Brunswick-Lüneburg contro i patrioti olandesi. Così dimostrate quanto odiate la rivoluzione, che allarma la vostra sete di potere, e quanto siete prono agl'inglesi.

Leggete la mia lettera a Giorgio III, e vi farete un'idea di che cosa vi potete aspettare da lui. Quanto prima, non si troverà meglio di voi. Del resto sapete benissimo che è affetto da una brutta malattia infettiva, e non ha mancato di contagiare i suoi ministri e mezzo parlamento. Sapete che in un momento di follia si è tirato addosso la guerra d'America, che ha fatto salire il suo debito, già enorme, di 139.171.876 sterline. I soli interessi al 3% gli costano 3.575.126 sterline. È una bella sommetta, monsignore. Per metterla insieme ci vogliono, tutti insieme, i redditi vostri, più quelli dei re di Svezia, Danimarca e Sardegna. Non sarà venuta anche a voi una botta di follia, se pensate di mettervi nelle mani d'un uomo ridotto in quello stato?

Certo da solo non potete far molto. Che figura faranno, davanti ai baldi soldati francesi, le vostre accozzaglie di lacchè, comandate dagli ufficiali più fetenti d'Europa? (dopo quelli del re di Sardegna). E l'opposizione che avete in casa ci darà una mano.

Lo scorso settembre, all'Aia, sentivo i vostri ufficiali fare i rodomonti nei caffè. Immaginavano che Brunswick riuscisse a combinare in Francia gli stessi affari che da voi. Adesso vedremo se hanno ancora voglia di tenervi in piedi.

Non dovete trascurare che da voi i contadini, e quasi tutte le città, vi sono ostili. Avete dimenticato l'impegno con cui cercarono di ricuperare la libertà dei loro padri nell'83? Allora gli olandesi si dimostrarono degni dei propri antenati, e sfidarono intrepidi la proscrizione e la morte. Per fermarli, quei traditori corrotti dei vostri ministri, capeggiati dall'arpia che avete per moglie, dovettero metterli alla mercé di Brunswick.

Non sentite gli spettri di tante vittime chiedere vendetta? Credetemi: gli olandesi, nella loro storia, hanno imparato abbastanza quale flagello sia un capo supremo ereditario, da non rimettere la spada nel fodero prima di essersene sbarazzati. Si fermeranno quando saranno sicuri di non rivedervi mai più. Non sperate di cavarvela con le furbizie e le ipocrisie. Aspettate che arriviamo noi, e dite l'ultima preghiera. Non credo che vi lasceremo scappare.

Ah, monsignore! Potevate essere il più fortunato dei principi, se vi foste accontentato d'essere il primo magistrato in una repubblica libera e opulenta. Non avevate responsabilità, vi mantenevano una corte brillante e in più vi pagavano un milione di fiorini l'anno. Aggiunto ai redditi del vostro patrimonio e dei feudi tedeschi, che valgono almeno altrettanto, quel denaro faceva di voi un gran principe, in grado di ben operare. Ma voi avete preferito diventare un negriero; e presto non sarete più niente.

INDICE

Introduzione

Lettere ai sovrani sulla rivoluzione francese

www.ingramcontent.com/pod-product-compliance
Ingram Content Group UK Ltd.
Pitfield, Milton Keynes, MK11 3LW, UK
UKHW020240250726
13967UKWH00001B/473

9 781447 517634